A Vida Holográfica

e seus Portais Interdimensionais

A Vida Holográfica
e seus Portais Interdimensionais

Elaine Mello

1ª edição - Porto Alegre/RS - 2014

Capa, projeto gráfico e ilustrações: Marco Cena
Produção editorial: Bruna Dali e Maitê Cena
Produção gráfica: André Luis Alt

Dados Internacionais de Catalogação na Publicação (CIP)

M527v Mello, Elaine
        A vida holográfica e seus portais interdimensionais. / Elaine Mello. – Porto
    Alegre: BesouroBox, 2014.
        168 p.; 16 x 23 cm

    ISBN: 978-85-99275-84-9

    1. Espiritualidade. I. Título.
                                                                        CDU 133.9

Bibliotecária responsável Kátia Rosi Possobon CRB10/1782

Direitos de Publicação: © 2014 Edições BesouroBox Ltda.
© Elaine Mello, 2014.

Todos os direitos desta edição reservados à
Edições BesouroBox Ltda.
Rua Brito Peixoto, 224 - CEP: 91030-400
Passo D'Areia - Porto Alegre - RS
Fone: (51) 3337.5620
www.besourobox.com.br

Impresso no Brasil
Fevereiro de 2014

Esta obra é dedicada aos amados
Mestres da Luz "Eu Sou". Destina-se
a todo buscador da Senda, seja
ele Terapeuta, Professor ou Assistido
amorosamente atento à
humanidade e ao planeta.

Para todos aqueles que cientes da Senda Espiritual buscam, dispostos cumprir, quem sabe nesta existência, o aprendizado do Amor Incondicional, o perfeito domínio sobre as energias que circulam em si, responsabilizando-se conscientemente por seu mundo, ancorados amorosamente ao
"Eu Sou Universal".

INTRODUÇÃO

No dia em que nasci, reencarnada, fui exposta a este reconhecido orbe e ao plano tridimensional a que devo, sequencialmente, de vida após vida manifestar-me com finalidade evolucionária. A freira amorosa, porém contundente em suas tarefas, viajante do espaço-tempo, trabalhadora em mundo paralelo disposta e cumpridora, reservada do cenário físico projetado, porém em comunhão com esta contraparte, mundo paralelo, naquele hospital porto alegrense e no decorrer fluido dos acontecimentos prosseguia, embrulhava-me protetora em um manto azul de Luz. Dizia que iria me entregar àquela que aguardava, mãezinha do plano físico que me gestou, para que a vida neste plano se cumprisse. Eu vinha de outra realidade, outro "céu" dimensional, com a proposta de reparação e superação dos bloqueios gerados em vida passada, também tratar da renovada missão para nesta existência impender, munida de nova veste que o Espírito de Luz, Real morador, programara junto a Alma, para a atual existência, realizar-se através do Ego, sua extensão holográfica. Quando ainda criancinha, pensava eu, de espontânea pureza juvenil, sem as naturais complicações dos adultos e liberta dos dogmas ou de preconceitos já estabelecidos, ilusão do plano tridimensional arraigado, poder compartilhar com os demais aqui encarnados, minhas experiências vivenciadas em mundos sutis, colocada naturalmente informada, e em eventos previamente agendados, das possibilidades ou infinitas probabilidades de "materialização" dos eventos, na linha futura visualizada. Para mim, normal seria, os Seres em múltiplos desdobramentos, em corpos mais sutis, viajarem no espaço-tempo, para frente ou para trás desimpedidos, interagirem com os respectivos planos multidimensionais e os seres que lá existem com seus veículos interagindo; ocupantes em suas auras iluminadas, manifestarem-se, realizados com o "Eu Sou", o Espírito de Luz. Aguardava poder auxiliar outros, também devedores e comprometidos, retidos em nocivos e viciosos padrões de pensamentos, plasmados através do fermento da alterada e desarmonizada emoção, macerada continuamente, impressa em repetitivo padrão de pensamento, exibindo suas mazelas. Esperava que estes almejassem assumidamente e conscientemente, transpusessem a inércia, a resignação, renitentes na lapidação da Alma, amparada e aguardada pelos vigilantes Mestres da Luz, em eterno apoio. Depois fui percebendo no plano físico, solitária, o nulo compartilhar, que os outros aqui inseridos de nada disso elucidados entendiam, ofuscados e entorpecidos, até agressivos em seus conceitos e intenções seguissem. Também eu, uma série de vezes, me permiti iludir pelo o que aqui, aparentemente está. Tampouco, estavam estes, sabedores da grande família humana, conflituosa negação, por interagirem, escravizados, em suas mentes inflexíveis, supondo o Homem estar único habitante neste infinito Universo; da presença de seus iguais irmãos multidimensionalmente, de distintos planos paralelos, ou viajantes de longínquos orbes, extraterrestres, presentes há milênios na Mãe-Terra, acolhedora.

Quando sabedora de mais esta tarefa, de escrever este livro, fui percebendo que por meio dos relatados fatos verídicos, muita agente identificada com processos semelhantes, eu poderia auxiliar, no pouco que já elucidei. Descrevo experiências, do decorrer da vida, não cronológicas, da atual personalidade encarnada e de outras, de vidas passadas. Na aceitação da Missão, depois de muito desbloquear meu Destino, em um contínuo de purificação, seguir persistentemente neste intento; meu trabalho em consultório, com tratamentos e técnicas inovadoras, abrange o Equilíbrio Bioenergético de uma anatomia energética, ainda hoje pouco conhecida pela maioria, e até negada; de seus mundos, céus dimensionais e de nossa natureza, dos Portais Interdimensionais (*chakras* mais desenvolvidos) e de Endereços Energéticos acessados por estes, desbloqueando a fluidez da vida em amor. Das abduções extraterrestres vivenciadas. Ao longo nesta obra utilizo seguidamente denominações e ferramentas, "desconhecidas", tecnologia própria para o tratamento do assistido que ao longo da experimentação e canalizações, exponho inovadoras para o assistido e para o leitor.

PARTE 1
ACEITAÇÃO DA MISSÃO

Para todos aqueles que seguros
Caminham pela Mãe-Terra
Guiados pelo "Eu Sou"
Fortemente orientados em suas escolhas
Com suavidade e determinação.

Sintonizada com a presença "Eu Sou", eu esperava por um alguém. Coloquei-me, diante da floricultura, intuída pela Alma, no resgate urgente a cumprir. Perto de mim, cercada de afetuoso cuidado, uma senhora, atraída para o local, apontando para a exposição de flores, vibrantes e majestosas; em um ímpeto, fazia-me inspirada, levar para minha casa os mais preciosos exemplares. Invisível aos demais no plano físico, que não a podiam perceber em veículo astral ia me acompanhando, escoltada para o encaminhamento espiritual; falava remetendo-me desdobrada ao cenário requerido, à visualização de suas lembranças experimentadas da vida passada, de seus alegres e coloridos canteiros, ajeitados em organizadas mandalas, enfeitando o seu perfumado jardim de outrora; iludida mal entendia sua condição. Lá, no atual presente, para o providenciado estacionamento, espaço tomado e cimentado pelos herdeiros, indiferentes de suas paixões e de seus quereres. Desolada detinha-se em sua pequena casinha, decepcionada e apegada, observava as pessoas, seguindo normalmente suas vidas; causava com sua contínua presença astralina certo desconforto, mal-estar sintomático demonstrativo de bloqueios bioenergéticos, e mesmo sem isso esperar, gerava conflituoso relacionamento entre aquele casal morador.

Flores azuis luminescentes, as mais belas e etéreas rosas de cristal azul, sinalizavam o caminho daquela mulher desencarnada. Tomava, junto ao coração, a comovida dama, a flor de Luz ofertada pelo acolhedor e numeroso grupo espiritual socorrista, que a aguardava, posicionados do outro lado do portal aberto, no espaço-tempo, dois mundos associados no desígnio de assistência; do lado de cá, no plano físico, os trabalhos da casa kardecista. Ela ia lentamente percorrendo a florida passagem, surpresa naquela nova realidade alcançada, e junto a cada desabrochada rosa, ofertada por um dedicado irmão generoso, em celebração era recebida. O transpasse após momentos tão difíceis superados, relatados aqui na Terra e sua intensa dedicação aos reinos da natureza fizeram dessa amorosa senhorinha, de vida tão simples, porém intensamente interiorizada, de cumprida missão, ser recepcionada, com honras e amparada, pelos Mestres da Luz, para o mais elevado plano dimensional por ela sintonizado. O canto angelical, emitido das mais Altas Esferas, céus espirituais, era ouvido por alguns dos participantes encarnados, aqui no plano físico, por meio daquele portal acessado, canalizado pelo grupo de irmãos voluntários e trabalhadores. A irmã que partia liberta era saudada de volta ao verdadeiro lar. A bela Alma fora encaminhada, agora mais lúcida e desapegada de suas dores e de suas obras.

A Rosa terráquea (a espécie, *rosa grandiflora*) é uma classe de belíssimo e suave matiz rosa, que no plano tridimensional ascende ereta, chegando a atingir altura de até dois metros e, suas flores, em grande número, acomodam-se em hastes individualizadas. Como recurso vibracional utilizada, terapia floral, pertence ao Terceiro Raio Divino, o Raio Rosa, qualidade Divina (do Amor Incondicional, Fé, Tolerância, Beleza, Força Magnética e conformidade dos corpos dimensionais), está também integrada ao Décimo Segundo Raio Opalino (Esperança e Inspiração).

A Rosa holográfica citada é um Holofloral (floral holográfico inserido ao Ser multidimensional), ofertada é ferramenta da Luz, canalizada das Altas realidades espirituais, decididamente não pertence ao mundo físico, pois possui acelerada vibração de cura, superando em disparada até mesmo a frequência do floral vibracional físico; conservou-se vibrando, tal qual alento sanativo, para harmonização e cura dos associados veículos dimensionais e de seus respectivos mundos, apaziguando e libertando aquele ego, remetendo a assistida em questão, ao amor incondicional, à esperança e à inspiração no Alto, seu "Eu Sou". De um azul muito claro e sutil, tênue como o mais fino véu de luz, vibra cintilante, o recurso, a flor, vertendo sua frequência superior; manteve-se projetada a apenas a alguns centímetros do seu veículo astral, acomodada ao *chakra* Cardíaco e conectada a este Portal Interdimensional, permaneceu consagrada ao Campo Eletromagnético da socorrida, mulher em processo de transpasse desencarnatório. Sobre a assistida o recurso aplicado, qualificando sua aura agora recomposta. A Luz Divina, recolhida diretamente do Primeiro Raio Azul – Qualidade Divina, representando a Força, o Poder de Deus, provinda e espargida por meio do Reino Angelical.

O vórtice cardíaco tratado pelo reparador recurso holográfico associado está atuante, aos relacionamentos românticos acertados e sadios, da generosa autoaceitação, da benéfica convivência interpessoal e íntima; pertinente com a grande família humana, unida em conformidade; vibra no amor, incondicionalmente, como já descrevemos. A serenidade da consciência feminina é transportada e, meritoriamente, a atenta senhora, suavizada de delirantes paixões inferiores, aceita o caudaloso banho de plasma cristal – o poder da Luz gerado por meio do Espírito. Assim recuperada, requalificava a totalidade daqueles veículos multidimensionais, seus corpos sutis que compõem o ser na sua totalidade, agredidos e alterados, necessitados, principalmente neste caso, amplificava a energia do Corpo Astral, evocando purificados sentimentos, anteriormente infiltrados e vitimados, como que por vírus eletrônico, programado para aniquilamento. O Holofloral, floral holográfico, não físico, possui infinitamente maior abrangência na aura e nos seus mundos relacionados, comparativamente aos Florais vibracionais físicos, "materializados".

Os Raios Divinos aqui citados partem do Grande Sol Central, o Sol por trás do Luminar físico, Deus Pai-Mãe, alçando seus filhos por meio da Luz Cósmica. Estão disponíveis para quem deles, consciente ou inconscientemente, canalizá-los. Os Raios Primários estão em número de sete, desdobrando-se destes todos os outros, até onde alcançamos, se especializando infinitamente; os Raios Extraplanetários, Rosa, Prata e Dourado, vibram em altíssima atividade; o Raio Diamante que vibra em potente frequência, puro e espetacularmente luminoso, contém todos os *pranas* (energia vital) de Deus, dirigido pela Consciência Suprema. Podemos descrever um número de doze Raios – Virtudes Divinas – envolvendo os seres terráqueos. O Primeiro Raio está qualificado com as virtudes da Fé, da Força e do Poder de Deus e da Vontade Divina, sua frequência vibratória é o Azul-rei com Raios Branco-cristalino; o Segundo Raio com as virtudes da Iluminação e da Sabedoria, do Amor e da Paz, e sua frequência vibratória é a Chama Dourada; o Terceiro Raio com as virtudes do Puro Amor Divino e Incondicional, da Reverência e da Adoração, da Beleza e da Tolerância, e sua Frequência é a Chama Rosa; o Quarto Raio com as virtudes da Ressurreição, da Pureza e da Ascensão à Luz, e sua frequência prânica é o Branco-cristal; o Quinto Raio com as virtudes da virtude Divina, da Verdade e da Cura, da Concentração e da Dedicação, e sua frequência prânica é a Chama Verde e o Branco-cristal; o Sexto Raio com a qualificação Divina do Amor, da Paz e da Misericórdia, e sua frequência prânica é o Rubi-dourado (o que o amado Mestre Ascensionado Jesus Cristo veio trazer a humanidade); o Sétimo Raio com as virtudes do Amor, da Misericórdia, da Compaixão, da Transmutação e da Liberdade (no vindouro período de dois mil anos), e sua Chama é a Violeta; o Oitavo Raio Divino com a Virtude da Clareza e Claridade, e sua frequência vibratória é o Verde-Água; Nono Raio é o Magenta, o Rosa e o Dourado e a Virtude Divina é a Harmonia Divina e o Equilíbrio, e seu prana é o Dourado e o Rosa; o Décimo Raio é a Paz Solar e o Conforto, e sua frequência vibra Dourado Solar e Rubi-dourado; o Décimo Primeiro Raio é o Propósito Divino, o Entusiasmo, a Leveza e a Alegria, e seu prana é o Pêssego; o Décimo Segundo Raio é a Esperança e a Inspiração, e prana é o Opalino.

•••

A cada nova projeção do Espírito imortal
nasce uma personalidade encarnada.
De providencial molde programado,
veste-se o Espírito e o ocupa na
plenitude da sua experiência,
de um corpo orgânico e perecível,
feito da energia do generoso e
provedor planeta a que deve
experimentar e lapidar-se,
quanto Alma manifestada.
Pensamos nós, eternamente e
desapercebidamente iludidos,
por um momento convencidos,
ser o mundo físico real e único,
aquele que reconhecemos como palpável e concreto,
onde nascemos, vivemos e morremos no
fiar dos eventos dessa linha de tempo,
reconhecidamente tridimensional.
Esquecemos de nossa verdadeira
origem Divina, de nosso verdadeiro lar,
das ferramentas e dos recursos trazidos da Luz.

Amedrontada com a neve, uma reação como nunca antes pensara ter, eu visualizava o cenário, desdobrada e atuante em veículo astral. Orientada e na companhia de dois trabalhadores da Luz, era envolvida pela densa e reconfortante coberta felpuda, azul opalina, ferramenta holográfica, que, à minha frente, se desdobrava disponibilizando amparo e proteção. Os mentores da Luz me conduziam amiúde, dia após dia, à missão a que me dispus, amorosamente aceita; contavam com minha atenção e deslocamento para a tarefa proposta, neste caso, o resgate daquele irmão assistido.

Ao longe, a avalanche estrondosa cobria o grupo de esquiadores. Apressadamente eu cavava a neve, sinalizada a posição exata a procurar, marcada pelos galhos nus da árvore tombada, fez-me alçar o homem recém-desencarnado, puxando-o pela mão astralina. Envolvi seu corpo astral contra o meu enrolando o irmão inconsciente de sua recente condição, naquela providencial manta de proteção; tarefa realizada, o assistido agora pode ser conduzido à merecida recuperação após tão grande sobressalto e súbito transpasse a outra realidade, adentrando aqueles planos dimensionais e adaptando-se, em seu tempo e ritmo, a sequência da nova vida.

• • •

Na noite anterior os preparativos necessários para a minha tarefa a cumprir, foram providenciados a tempo. Eu deveria guiar ao atendimento mais um irmão aos programados trabalhos espiritualistas de assistência. Iludido na linha de espaço-tempo, acessado em sua realidade, já o podia perceber no meu mundo dimensional. Posicionados naquele cômodo, bem junto ao canto esquerdo do meu dormitório, cavaleiro e cavalo abalizavam suas marcantes presenças. O homem, montado em seu imponente e negro corcel, atemorizante imagem, tomado de macabra e sombria vibração, aguardava inquieto por entendimento daquele mundo incomum que percebia. A figura tão real e aterradora daquela personalidade resgatada, guerreiro empunhando sua espada intimidante, fazia o Mestre da Luz vir ao meu socorro orientando-me da verdadeira condição daquele necessitado. Bufando e relinchando o indócil, desmedido e negro animal raspava e batia os cascos no chão, sustentado pelas patas traseiras, arqueando o gigantesco corpo para o alto; caracterizado, o equino suportava aderecos, trazia em sua cabeça alegoria adornada de escuro penacho firmado na rústica e pesada armadura; levava arreios, que similares, eu nunca antes havia visto. Seu cavaleiro igualmente trajado por grosseira armadura portava também a negra pluma encravada em seu elmo; não se podia ver a face; entreaberta a viseira encobria seu olhar emblemático.

Lúcida da patrocinada campanha socorrista, eu deveria agora repousar em paz, sem medo da aparente ameaça. Mostrava-me o Mestre da Luz. Maurício, o assistido, mostrava-se permanentemente fixado no tempo passado, no ano de 1501, época de seu desencarne sangrento. O rapaz, naquele momento funesto, seria conduzido ao campo de batalha com sinistro intento. Projetara-se, desde então, prisioneiro do seu mundo particular, medonho e calcinado inferno. Eu o seguia com meu olhar infiltrado, concebendo aquela realidade plasmada. O cenário tenebroso de estreito e tortuoso caminho escarpado, mentalmente formatado, era ladeado por vegetação morta, céu cinzento carreado de vermelho tingido de púrpura cor. De longe se podia ver o castelo, montanha acima.

No restrito recinto do mundo atual o homem assinalava presença, colocando-se agora apto ao atendimento espiritual agendado. Inquieto caminhava em volta da grande mesa, de um lado para o outro, cercando os médiuns reunidos em trabalho fraterno. O assistido foi manifestando-se por meio do meu aparelho vocal. Eu, na tentativa de tradução do seu idioma natal, buscava passar na íntegra a comunicação requerida. Pedia a *frau*, a dirigente daquele grupo, e a *fraulein*, pois assim ele me considerava e via, que o pudessem auxiliar a compreender a situação a que foi exposto. Imediatamente, Maurício conseguiria retornar ao lar perdido, adentrar a morada de sua família, transpassando a pesada porta daquela realidade, retrocedendo e remetido na linha de espaço-tempo. Frenético e saudoso pensava em sua expedição, por desbravar e reencontrar seus amados familiares. Inserido no cenário, imediatamente sua armadura desfez-se, transformada em leve indumentária; um homem de belo porte, expressiva face emoldurada por acobreada e ondulada cabeleira à altura dos ombros. Recuando no tempo, vislumbrou, captando, cena após cena, de sua longa ausência, quadros vividos pelas personalidades em passado longínquo. Debruçado sobre a mesa rústica entalhada, o pai, à luz de velas, pena em punho, contabilizava e anotava o resultado de seus lucros recebidos; avarento com seus tesouros de família, ele separava incontáveis moedas de ouro em altas pilhas. Permanecia o homem desconectado agora da harmonia e da prosperidade do tempo de Maurício, administrador justo, bom pagador e investidor. Sua irmã mais moça, soube então ser eu, personalidade passada. Aos farrapos, comendo migalhas, a vaidosa e honrada donzela, na torre lateral à construção, esperançosa aguardava seu irmão, jogada, aprisionada e esquecida até seu desencarne. Detive-me às emoções projetadas pela triste jovem abandonada; seu dourado e longo cabelo de luz foi bem rente cortado, inveja atroz, quase arrancado; à mostra, sua cabeça coberta por feridas abertas. Maurício, reconhecendo sua irmã, abraçou-a forte e agora pôde libertá-la de seu cativeiro. Eu o seguia pelo amplo castelo, ele à procura da mãe e do pequeno irmão. Desceu rapidamente e, aos pulos, a escadaria de pedras em espiral, acabou por presenciar, deslocado no tempo, a trama a que todos foram vítimas. Sua mãe foi desprezada pelo desviado companheiro arrebatado e assassinada pela jovem que ostentaria com autoridade seu lugar. Depois, seu ganancioso pai também sucumbiria, enganado. Seu irmãozinho foi entregue a pessoas que, em um futuro bem próximo, aproveitariam de seu trabalho nos campos de aveia. Para que toda essa trama ocorresse a contento, o valente jovem deveria ser isolado da família e, para tanto, foi providenciado, enviado em missão disparatada, reviveu todo o cenário que à emboscada sucumbiu. Perambulou solitário, renitente, durante séculos, pelos nebulosos caminhos de sua mente, desesperado, acreditando-se ainda possuidor de um corpo de carne e de uma morada acolhedora para retornar, jamais acessada. A compreensão de sua realidade e de todo tempo perdido, renitente, o fez liberar-se de todo sofrimento, das amarras da falsa guerra e ser conduzido ao auxílio da Luz Maior.

Quando a personalidade atual presentemente atingida por quadro sintomático ou descompasso emocional opta por mover-se corajosamente no ritmo da autocura, em sua empreitada assumida, ela seguramente é patrocinada ou apadrinhada pelos Mestres da Luz. No plano multidimensional, com tamanha força purificadora, oportuniza liberdade, envolve e afeta positivamente todos os caminhos vertentes que conduzem a realidades paralelas, curando todas as mazelas contidas; relacionadas essas, acessam outras individualidades associadas, desatando o danoso emaranhado. Abre portas na linha de espaço-tempo, para frente ou para trás, fazendo despertar companheiros viajantes para o socorro merecido e até, como no caso de Maurício, nova oportunidade de reencarnação, promovendo sua ininterrupta evolução. Maurício libertou-se por meio de minha atual personalidade e alforriou-me do passado sofrido e das enfermidades ainda influenciadoras na atualidade de minha personalidade, anterior no tempo.

Também a personalidade viajante da Senda espiritual constrói sólido e salutar alicerce elevando os mundos e seus quase incalculáveis eus personalidades, Endereços Energéticos lá existentes e comunicantes. A negação ou a demora na resolução dos conflitos gerados, dos incontáveis traumas, fazem bloquear os Portais Interdimensionais (*chakras*), imprimindo na Aura sua vibração, refletindo em seus respectivos mundos dimensionais e relacionados veículos de expressão inadvertidamente e as ditas enfermidades podem "materializar-se".

● ● ●

Recolhida naquela suíte de hotel, fatigada pela doença, eu repousava, bem longe de casa, na viagem escolhida. Minha garganta tentava expurgar todo aquele volume congestionado de densa nuvem aderida, purulenta e escurecida. Aproximando-se do leito, cruzando a parede, colocava-se ao meu lado o belo rapaz, depois percebi ser meu filho em vida passada. Podia sentir o amor brotando do meu peito maternal, a saudade e o respeito por aquele Ser maravilhosamente belo e puro. Agradecida pela graça e tanto amor emanado, recebida a cura daquilo que em desarmonia havia permitido intensificar-se, aderido ao meu *chakra* Laríngeo (localizado na região do pescoço, garganta, e suas glândulas associadas). Sentia seu suave toque, impondo as mãos sobre minha testa, o beijo impresso ainda hoje. Pensei por um momento que, no presente, aquele filho de outros tempos reencarnaria por meio do molde que naquele momento eu gestava, porém, o moço foi logo esclarecendo, amoroso, que no futuro nos veríamos numerosas vezes. Ele faria parte do fraterno grupo de irmãos orientadores, em Ramatis, dos Mantos Dourados, daquela casa da qual eu faria parte um dia como trabalhadora e voluntária seguidora dos preceitos de Lacerda – a Apometria. Ali eu seria conduzida por ele, proporcionando, assim, valiosa oportunidade de evolução e de ferramenta de reparação dos erros cometidos em vidas passadas. No princípio, eu via o Mestre Ramatis no meu lar, sua forma holográfica se projetava, passando seguidas vezes de relance, chamando minha atenção com sua capa branca. Generoso, ele queria que eu me movesse sem mais demora ao trabalho espiritual já delineado. Fui conduzida a certa casa, encontrando o amado Mestre do Manto Dourado, que em auxílio à mãe de outrora, pouco esclarecida, pôde encaminhar-me às tarefas patrocinadas. Do grupo de estudos ao de trabalhadores voluntários, abertos ao auxílio também ao público necessitado, ao longo do tempo, pude perceber dois grupos de irmãos da Luz, dos Mantos Dourados, um deles, meu filho de vidas passadas, e dos Mantos Prateados, conduzindo o atendimento em geral daquele local.

Havia escrito, há muitos anos passados, em um volumoso e pesado caderno de mensagens repetitivo nome, que se lançava vibrante em minhas meditações. Agitava-se pulsante o nome na luz e, envolvido por luminescente placa de neon, do Alto projetado eu canalizava, o nome do irmão Lacerda, fundador da Apometria no plano físico. Assim eu era alertada, por indicação do local acertado onde encontrar o veio para o meu desenvolvimento espiritual, caminho à prosseguir. Este elevado irmão, já desencarnado, proporcionou e proporciona muita luz e aprendizado a infinitos grupos de estudo estabelecidos como voluntários trabalhadores da Luz. Lacerda foi o homem que iniciou e desenvolveu, sistematizando no plano físico, por meio da canalização originalmente recebida dos Mestres, os procedimentos corretos da Técnica Apométrica, diretamente do Mestre Ramatis, antes dos ensinamentos serem desviados pelo limitado, falho e conflituoso entendimento humano. Antes que alguns o tomassem somente como "técnica", mudando sua denominação prevista e o comercializassem por proveito próprio. Melhor seria que todos fossem esclarecidos, por toda nação e além, na doutrina acertada para o bem de todos nós necessitados de evolução.

• • •

Para o trabalho aberto ao público na casa, em Ramatis, recebíamos incontáveis assistidos, todos em busca de entendimento e alívio de seus padecimentos. Reservávamos um dia da semana especializado no atendimento de técnica espiritual aplicada de "Arte e Cura" por meio da cromoterapia. Papel branco e lápis de cera ofertado, manifestava-se o assistido por meio de seus desenhos coloridos ou monocromáticos, cheios de vida ou de escuridão, segundo seu estado espiritual/mental/emocional, enlaçando, de diversas dimensões, variadas formas e conceitos a desenvolver e purificar-se; aplicadas então, plasmadas espontaneamente, certas cores, matizes que denotavam as vibrações a que estavam necessitados desenvolver ou as frequências vibratórias viciosas que teimavam e permaneciam renitentes. O indivíduo captava situações normalmente, inconscientes ou não, a serem desvendadas e resolvidas, recebendo as benesses daquela frequência vibracional sugerida ou livrando-se dos resíduos acumulados que coloriam o seu campo vibracional, principalmente, mental ou emocional, que acoplados em desarmonia, no tempo jaziam. Alocava o médium, distante em sala diversa, situações a serem tratadas e neutralizadas. Eu, mediadora entre os planos de realidade multidimensionais, falava baixinho com o dirigente atento.

Dizia o atormentado irmão, desencarnado há mais de dois anos, constantemente importunado e canalizado por outros encarnados, impelido à loucura pelo falatório frenético que lhe aborrecia, direcionado por seus inconformados familiares, iludidos da realidade que os cercava. No hospital espiritual, localizado no mundo etérico, mantinha-se, o irmão instalado até sua completa adaptação do atual plano dimensional, de sua vigente condição e do desligamento de todo sofrimento passado, acometido pela doença fulminante que se lhe suscitou em corpo físico no plano tridimensional. A tia solitária, sombria e teimosa, lamuriava-se com reza repetitiva, cega de tudo, na atual realidade, chamando o falecido, inconformada. A médium visualizava a parenta depressiva por meio da presença ali canalizada, em outra sala, que já não mais suportando a penosa situação, relatava ao trabalhador que o assistia, o abatimento grave da tia em questão. Estava requerendo ajuda para tal caso, do grupo de apoio de trabalhadores daquela casa. A mulher fixamente vasculhava em suas memórias e também nos objetos deixados pelo falecido, revolvendo no tempo passado momentos doloridos, condicionando o nervoso rapaz a seu persistente pensamento. Este hábito danoso fazia verter na própria pessoa que o gerava a descarga hormonal, também envolvendo e acessando seu sobrinho receptor que relembrava intoxicado, sem fim, seus traumas e consternação sofridos no mundo físico, ao qual pertenceu sua personalidade. Desesperado, pedia choroso que aquela comunicação lamuriosa parasse; dia e noite ouvia a choradeira da tia impedindo sua completa recuperação programada naquele "novo" mundo.

A personalidade, em plano paralelo, mais sutil, segue vivendo, apenas descartou-se de sua roupagem orgânica, da qual o Espírito já não mais pode consagrar-se, e providencialmente, o Ser em processo de regeneração, recebe todo tratamento espiritual, condizentemente daquela vibração à qual pertence e segue morador, momentaneamente até alçar planos mais altos ou novamente reencarnar. Será que todos aqui na Terra estão conscientes disso ou elegem permanecer iludidos?

A tia recebe mensagem de entendimento por meio do parente pedinte, da ajuda providencial e, pode repetidas vezes, ser tratada a distância, acompanhada pelo mesmo grupo fraternal, até alcançar certo amadurecimento espiritual.

●●●

Voluntária trabalhadora, viajante no espaço-tempo, eu percorria projetada, para frente e para trás, os planos dimensionais entrelaçados. No presente, espiava a movimentada rotina dos colonos na lida da terra. Carreavam cautelosos, montanha abaixo até o vilarejo, a lombo de burro, os balaios recheados com os frutos da plantação do ladeirento solo arado, fértil e cheiroso. Meu olhar infiltrado era conduzido pela trilha tortuosa acima, ladeada por alta vegetação. Abre-se passagem para dimensão paralela de retida realidade, bastando o cume alcançar. Com os olhos fechados, junto ao grupo de voluntários socorristas, eu desenhava, documentando todo o cenário, colorindo o papel branco preparado à minha frente. A noite estrelada pontilhava o firmamento cardinalado daquele mundo construído. Uma voz próxima orientava certa precaução daquela aproximação eminente e perigosa. Respeitosa e prevenida, eu observava o homem à frente do mausoléu no alto da grande colina. O templo altivo, local dimensional de descanso, isolado de todos, eterna prisão, de vegetação encoberta, enxertada na terra. O impressionante Ser diante de mim mostrava-se majestoso, vestido de brilhante túnica azul profundo, adornada de prata brilhante e enfeitada por infinitos cristais cravejados. Curioso adereço, espécie de chapéu, encobria sua face misteriosa que eu tentava inutilmente desvendar. Todo o perímetro daquele adorno envolvia sua cabeça com diáfanos fios pingentes, à altura do seu pescoço. Interpenetrado por opalina bruma, o misterioso homem exalava repulsiva e gélida vibração, como a noite fria. O primeiro imperador chinês, Shi Huangdi (259 – 210 a.C) fazia-me olhar para a imensidão do seu "arquitetado" céu estrelado. A dinastia Qin (Chin) foi marcada pela conquista e unificação da China por seu cruel comando. Acabara por construir, obstinado, seu Universo em miniatura, também no plano físico, com seus tesouros e exército de terracota, ali foi sepultado, em sua mortuária colina, permanecendo assim desde então. Buscava o segredo da imortalidade, ansiava por encontrar o conhecimento perdido, ambicionava ser em vida como os deuses. Deteve-se e permanece até o momento, vítima de seu próprio orgulho e soberba, assombrando, retido solitário e prisioneiro em seu mundo ilusório. Seu tempo previsto de permanência naquele mundo artificial, criado por ele, não pode ser estimado, não pode e não deve, não nos diz respeito a qualquer mortal, só aos grandes Mestres da Luz regidos pelas Leis Universais.

• • •

O iluminado mensageiro faz-se presente ao amoroso e voluntário grupo fraterno então reunido em uma casa em Ramatis, aberta e direcionada ao auxílio de irmãos encarnados e desencarnados; apresenta importantíssima tarefa de assistência e convida para a programada reunião fraternal apenas dois dos irmãos que juntos ao mentor espiritual seguem prestativos naquele desígnio, desdobrados em veículo astral. Escoltados e na aproximação, cruzando determinada região fronteiriça que delimitava os planos dimensionais, apenas um dos dois convocados, segundo a condizente vibração requerida, foi permitida a entrada naquele céu superior, no prosseguimento daquela localidade, uma cidade/berçário, extremamente protegida pelos vigilantes atentos. Do alto, desdobrada em veículo mais sutilizado, eu podia ver o imenso e flamejante coração azul sinalizando o local exato a acessar naquele Céu Etérico. Quanto mais me aproximava daquele sutil plano espiritual, mais extraordinária exposição da estrutura organizada e protetora eu vislumbrava. Entrevia de início, tomando a termo a simbologia demarcada e que compunha aquela localidade, porém depois chegando bem mais próximo, avistava as criancinhas de Luz, aninhadas qual rosinhas em botão, lado a lado, em formato de afetuoso coração representativo. Recolhidas à semelhança de farto ramalhete, confortavelmente aconchegadas em reconfortante sono preparatório, para meu encanto e agradecimento de poder ali estar, as belas Almas por reencarnar, amparadas e abrigadas, ali permaneceriam à espera do chamado, naquele plano superior, aguardando o momento propício – a ocasião de a concepção adentrar para novamente renascer. Com seus rostinhos apoiados ao solo flutuante feito nuvem, elas permaneciam acomodadas, joelhinhos dobrados, projetando seus empinados bumbuns para cima, embrulhados em fraldinhas de luz azul. Fui recebida por nobre cuidadora e compromissada irmã da Luz que me expôs a tarefa acertada a impender.

Durante um bom tempo, nosso compromisso, na casa, em Ramatis, era de receber e orientar os casais empenhados em conceber ou adotar, e conscientemente amorosos, ou nem tanto assim, para a aceitação, no amparo e no acolhimento daqueles espíritos emprestados de Deus, ansiosos por reencarnar; oportunidade de novamente recomeçar seu adiantamento espiritual renascendo no mundo tridimensional.

A Bem-Amada Mestra Ascensionada Kuan Yin, a Deusa da Misericórdia, em sua infinita bondade envolvia os casais que ali compareciam, para atendimento, em alta frequência Púrpura-rei (Sexto Raio – qualidade Divina, Misericórdia e o Perdão Divino, Compaixão, Paz e Amor incondicional; o que o Mestre Jesus, há dois mil anos, veio ensinar aos Homens), abençoando todos, as suas famílias, os buscadores e os necessitados de alívio nos conflitos da aceitação envolvidos; com o poder de transmutar os *karmas* entre pais e filhos, gerados, principalmente, no tempo, através da rejeição dos muitos abortos cometidos, abarcando-os na Chama Violeta. Kuan Yin, no Oriente, é conhecida como a Mãe Divina e assim reverenciada pelo povo asiático. Dentre aqueles assistidos que ainda conservava-se em desalinho, desarmonia de mente e emoção, negligenciando a vida em exigência por meio do cometido crime do aborto, ou do abandono e de outras sabotagens, a Mãe amorosa elevava-os aos mais altos propósitos da Alma a lapidar-se. Ela os libertava dos sentimentos de ódio, vingança e autojustiça em relação aos outros Seres envolvidos, preparando, assim, o ambiente para a chegada daqueles seres de luz que visitamos na cidade/berçário.

O aborto é considerado gravíssima infração da Santa Lei Divina, construindo pesados *karmas* a serem reparados no tempo e no ritmo corretos para todos os envolvidos.

• • •

Alarmados e com o coração abastecido de vibrante dedicação, saímos em busca dos irmãos para o socorro previsto. No mundo espiritual, foi mobilizado a tempo, pelos Dirigentes da Luz, todo amparo possível, providenciada e acertada convocação aos grupos de apoio, também de voluntários socorristas encarnados no atendimento de tão grande acontecido. Os hospitais e as casas de apoio nos variados mundos paralelos estavam preparados para a grande movimentação futura. O cenário devastado era aterrador e impossível de ser concebido, se não ao vivo, triste realidade, e mesmo assim difícil de descrever tamanha a magnitude da destruição. No caminho, avistávamos outros tantos grupos conectados à tarefa fraterna no auxílio de tanta gente necessitada. Estávamos chocados e nervosos com a gravidade do caso e com a teimosia da maioria do povo que, resignados pelo reconhecimento dos dogmas religiosos aprendidos e assimilados, não alcançavam reagir a contento, ao contrário, colocavam-se inertes a qualquer atitude positiva para dali se moverem e emanciparem-se resgatados. O mentor da Luz foi logo esclarecendo ao grupo assistencial que apesar de difícil tarefa, a de deixar para trás tantos irmãos, esta era uma decisão alheia à nossa vontade e que jamais deveríamos interferir no livre-arbítrio de outrem. Não deveríamos nos deter a um caso em especial, nem de doutrinação, nem de insistência demasiada proposta a mentes conflituosas de elucidarem-se a contento. Deveríamos resgatar o máximo de irmãos já prontos e libertos de conceitos errôneos e sair logo dali. O Mestre nos alertava que mais um tremor arrasador estava prestes a recomeçar, sacudindo e abrindo a Terra; que deveríamos encaminhar somente aqueles que não permaneciam renitentes de sua condição desencarnada. Em meio aos escombros, muitas pessoas sem consciência do plano astral deslocadas, outras desesperadas, aos berros, ou em ofuscada reza repetitiva, não nos enxergavam. Iludidas em negação, rejeitavam todo apoio ofertado da providência Divina dos irmãos da Luz. Lembro bem que, entre tantos que resgatamos, um deles me marcou muito. Era um homem bem alto e pesado, com fartos bigodes negros e pele bem clara. Permanecia paralisado, em pânico, entorpecido, com os dois braços presos aos escombros. Retrocedendo na linha de tempo, momentos antes do desabamento, eu enxerguei tal homem na bilheteria trabalhando. No momento exato do terremoto, ele manteve seus braços posicionados, agora amputados, na abertura debaixo das antigas e rebuscadas grades de ferro pintadas de dourado. Acredito que aquele lugar anteriormente era um amplo cinema ou talvez um teatro. Suas pernas e seus quadris haviam sido dilacerados com o impacto arrasador. Segurava com minhas mãos seu rosto sofrido, de olhar vidrado, envolvendo-o para que saísse dali comigo, até que, desperto, reagisse de sua ilusão. Sua colorida camisa xadrez aos farrapos transformou-se em branca veste reparatória, ferramenta holográfica canalizada. O pesado homem, com custo, foi anulando sua imobilidade e, apesar das pernas cambaleantes, foi se arrastando apoiado no meu ombro. No caminho, mais pessoas foram reagindo e três deles me acompanharam até um local mais aberto. Todos aqueles do grupo e seus assistidos adentraram acomodados a um veículo voador, deslizante e silencioso, um pequeno ônibus/trem, com portas deslizantes e centrais, que se abriram espaçosas, disponibilizando no interior do transporte, muitos assentos para a viagem de condução. A agonia dos passageiros era tão grande que fomos um por um amenizando, dentro do possível, tratando seus ferimentos. Sentei ao lado do homem que desesperado chorava vendo o que sobrara de seus membros decepados. Com providenciais ataduras de Luz branca, eu envolvia seus braços e sua dor e consternação foi aos poucos se desfazendo. Ainda amedrontada, cumpria minha tarefa supervisionada. O Mentor da Luz, em sua fortaleza, aprovava minha rápida iniciativa, apoiava motivando-me com um sorriso. O Forte, gigantesco de alta e espessa muralha, envolvia e protegia o hospital espiritual, situado em um submundo astral de região escura e hostil. Uma lanterna a gás providenciada surge em minhas mãos como em um passe de mágica. Tomo a frente do grupo, conduzindo-os até o amparo providente. Naquele local de tratamento, muitos foram recebidos e acolhidos, outros partiram em despedida no mesmo veículo, conduzidos a planos mais sutis, do astral ou do mundo etérico, repatriados. Neste evento no plano tridimensional, ao findar da década de 1990, mais uma vez, o planeta Terra é marcado, levando ao desencarne quase duas mil dezenas de pessoas.

...

A véspera de natal daquele ano foi bem movimentada. Eu recebi no lar alguns amigos para compartilhar, juntamente com os familiares, a data festiva. Eu estava estranha, não apenas cansada, mas alheia, sentindo tontura e quase que em total deslocamento para outro plano dimensional, desdobrada. Não conseguia ficar ancorada na realidade tridimensional para bem recepcionar as pessoas queridas que ali estavam. No dia de natal, estivemos, eu e minha família, aconchegados, almoçando com estes mesmo grupo de amigos em sua casa. No meio da tarde, já de volta ao lar só queria mesmo me deitar, ficar isolada de tudo para poder canalizar os ensinamentos urgentemente. Eu estava dolorida por dentro, emocionalmente, e por fora, fisicamente. Visualizava cenas aterrorizantes, com muita água do mar, palmeiras e multidões sendo arrastadas; via crianças frágeis e gente idosa em um angustiante pânico varridas pelo tsunami aterrador. Uma voz dizia que eu deveria me esforçar para ficar em paz, não tentar interferir. Chocada e tonta com tal realidade, suplicando respostas dos Mestres, fui transportada em veículo astral até o fundo do mar. Lembrava-me de uma amiga muito especial em minha vida; havíamos visto, na linha do tempo, em uma época futura, assim como também muitas outras pessoas no planeta captaram, há mais de uma década atrás do acontecido manifestar-se. A catástrofe não poderia ser desviada. A Lei Universal é imutável, independe dos esforços dos mortais para o seu desvio, do que está predestinado para a humanidade.

O mar visto de baixo, do solo profundo onde eu estava observadora, era como um vasto céu inalcançável, aberto. Bem acima, eu via passar um grande mamífero, locomovendo-se com espetacular delicadeza no nado, deslizava sobre a água cristalina. Eu caminhava curiosa sobre o profundo e escarpado *canyon*, seguindo o caminho rochoso. O Mestre da Luz fazia-me ver, tomar consciência do que lá estava gravado, em um paredão de pedra as letras douradas em antigo idioma, compondo uma frase profética. Via as descomunais placas tectônicas movendo as águas em estrondoso e apavorante beijar-se de rochas se tocando.

Todos nós encarnados no plano tridimensional estamos subordinados à Lei Divina, ao desenrolar do Destino programado e à inevitável correnteza nesse fluir da vida, sem possibilidade de evasão daqueles eventos previamente programados. O Espírito abdica da veste imprópria para seu uso e desliga-se, recolhendo seus átomos permanentes, oportunizando a evolução da Alma. Mais tarde, e cada qual assim realiza-se, no seu próprio ritmo evolucionário, se disso o Criador permitir, poderá retornar a Terra, vestido de outra roupagem apropriada para sua nova Missão ou encarnar em outro orbe mais apropriado a seu merecimento e vibração.

Embora todos nós almejemos e ansiemos por uma incrível e imediata solução, de todos os percalços no caminho, e oremos, pedintes, nesta tentativa, em nosso desespero tentamos interceder também por nosso próximo, esperando sempre por um "belo final feliz". Este é o Ego, indisciplinado, supondo poder alterar tudo, Destino e Missão. Não temos este poder de resolução, só o Pai criador o tem! São as Leis Universais imutáveis, que na integra ainda não praticamos, iludidos. Atua estas Leis, diferentemente das leis humanas, falíveis, somente retrocesso e engano. Na vida espiritual, nem sempre o "final feliz" é aquele que para a maioria da humanidade ofuscada, seria o mais acertado. A salvação acontece por muitas vertentes e de variadas formas que não compreendemos ou que na íntegra, a mente encarnada capta apenas pequena parte de todo o processo que se desenvolve e que pode ter admirável e certeiro desfecho somente percebidos em planos muitos elevados não perceptíveis a racionalidade terrena.

$$\bullet\ \bullet\ \bullet$$

No salão de recepção do teatro espírita, a feirinha de livros movimentava o público de leitores curiosos e espiritualizados apresentando uma centena de títulos disponibilizados. Dentre tanta literatura, minha mão, certeira, localizou, sem hesitar, certa obra específica. Depois, percebi, na contracapa, a foto do autor de muitos livros; meu irmão de vida passada. A imagem de seu rosto e cada linha lida me remeteu à lembrança da regressão espontânea, marcada por certo tempo em minha existência, acessada em ano anterior, quando o seu livro ainda não havia sido lançado ao público. Ali, anos atrás, eu via um homem desconhecido, na imagem holográfica projetada "no ar", mostrava. Enviei um e-mail perguntando sobre as palestras oportunizadas da técnica descrita em sua obra contida e obtive quase que imediata resposta. Em uma próxima semana, deveria encontrá-lo em determinada casa em Ramatis para um *workshop*. As sensações se tornaram mais fortes, e elas foram recíprocas, como se há muito nos conhecêssemos e agora pudéssemos matar a saudade um do outro. Comentava o homem palestrante, que o tempo todo, me observava intrigado, o meu olhar conhecido. Depois de fluente e gostosa conversação, o homem me apresentou a certo dirigente de um grupo de estudos, de trabalhadores empenhados nas tarefas assumidas. Fui, então, orientada e indicada a participar das tarefas requeridas deste mesmo grupo. O dirigente, outro irmão de vida passada que, reconhecido, apontava importante presença em minha existência no tempo, associado também ao mesmo autor mencionado; pertencíamos a mesma família, fomos todos irmãos. O afeto brotava de meu coração em agradecimento por, nesta vida, poder reencontrar, de uma só vez, dois irmãos de outra existência. Esta é aquela casa em Ramatis, a dos irmãos, Mestres dos Mantos Dourados e dos Mantos Prateados, que comentei anteriormente.

Tempos depois escrevi para o amigo, confiante que ele também recordaria da vivência passada, experimentada em 1867. Contei ao irmão de outros tempos, que em uma regressão espontânea eu havia presenciado, comprovando o passado longínquo, e também, na linha de tempo projetada, para o futuro manifestado.

No pequeno vilarejo, talvez sul da Itália, localizado em região montanhosa, espetacular paisagem circundava. A pobre casinhola pintada de branco cal acomodada no sopé do morro, de extenso vinhedo, precipitado em árido terreno bem aproveitado. Lá no alto, moravam os genitores com seus onze filhos, em escadinha etária concebidos, enfileirados eu visualizava. O pai, carregado pela esposa, debilitado, volumosa cabeleira branca; a mãe, ocupada trabalhadora na lida da colheita de uvas, próprias para a produção de vinho. Três filhas moças eram responsáveis pela casa e cuidadoras dos irmãos menores, um ainda bebê.

Eu visualizava especialmente uma das irmãs, de semblante carrancudo e abatido, conduzindo nas mãos um pesado e grande balaio de roupas por lavar, apressada e briguenta, cobradora das demais irmãs; uma pessoa nesta vida também reconhecida. Entre os mais velhos, o terceiro dos filhos, o atual escritor nesta vida encontrado, era o conselheiro da pequena comunidade. Era um rapaz, com dezoito ou vinte anos de idade, repleto de sonhos e de paz interior. Noviço religioso, cordão na cintura, corte de cabelo acertado em um belo rosto corado, ambicionava tornar-se frei, apoiado pelo pároco local. No pequeno templo em ruínas, discorria horas a fio reverenciando o Criador, reunindo pequenos grupos de ouvintes. Colocada à sua frente, deslocada em regressão espontânea, admirada com a nitidez de detalhes, viajante no tempo, eu observava um pequeno menino, minha personalidade anterior, oito ou nove anos, fã e seguidor do irmão palestrante. Seu rostinho infantil, de grandes olhos castanhos, esperançosos e intensos, cabelos pretos e lisos, cortados retos e alinhados. Transportada ao cenário crucial de meu trauma registrado, o abandono, de *flash* em *flash* eu focalizava o vilarejo, a igrejinha com sua escadaria de poucos degraus, a maleta de papelão, amarelada, apoiada no lombo do burrico carregado para a viagem planejada. O choro incontido do menino angustiado, em correria atrás do irmão, última tentativa de partir acompanhante na longa empreitada, viagem sem retorno para o mosteiro que o acolheria. A oportunidade foi negada pelo amado irmão, que deixou para trás a criança decepcionada, paralisada no caminho, crendo ser rejeitada. A vida foi dura com esta criança e os ensinamentos religiosos foram se perdendo, revoltado. O menino crescido se tornou homem rude, de baixa moral, até ladrão. Da negativa convivência, exemplificada que obteve do mais velho, dos três irmãos, encaminharam-se para o crime, perdidos. O segundo dos filhos mais velhos logo casou-se, retirando-se para populosa cidade italiana, Milão , isolando-se da sua família de origem; este homem, no presente, seguiu por muito tempo dirigente do grupo trabalhador anteriormente citado, desta casa em Ramatis, e sua hoje esposa é a mesma da vida passada.

•••

De súbito, duas mulheres adentraram ao meu quarto de dormir. Uma delas, muito atormentada, chorosa e alarmada, segurava nervosa sua cabeça dolorida entre as mãos. A outra, voluntária, prestimosa mentora espiritual e orientadora, me precavia que a recém-desencarnada não a podia perceber protetora ao seu lado. Ela buscava, na qualidade de facilitadora, conselheira e condutora, auxiliar naquele recomeço em diverso mundo dimensional, aguardava lucidez de reação e o consentimento da mulher a adaptar-se à nova condição. Assim, solicitou-me atenção e amorosa dedicação à jovem confusa, afirmando essa poder me ver claramente e comigo conversar, dada a minha condição encarnada e de mediadora entre os planos espiritual/material. A mulher sofrida e com tremenda dor de cabeça indagava e fazia-me mirar seus cabelos curtos que caíam em profusão. Horrorizada, detinha em suas mãos parte daquele couro cabeludo, ressecado como palha, que já não mais suportava e se desfazia aos poucos, segundo o seu modelo físico degradado e abandonado no mundo físico. Em veículo astral, inconsciente de sua condição, ela sequer conseguia plasmar uma vestimenta para aquele corpo sutil deslocado naturalmente em sua realidade atuante. Olhava e sentia o corpo astral vivo em plano de realidade e me mostrava suas mãos, seus braços e pernas, que descobrira fascinada seguirem reais. O corpo biológico é cópia perfeita do molde etérico; o veículo astral em estrutura é semelhante, porém, este é algo mais agigantado. Mais lúcida, contudo não compreendendo bem como isso era possível, admirada com a vida existir após a suposta morte, pouco a pouco, e por meio de longa conversa de explanação, do peito ofegante foi-se acalmando e abraçou-me em agradecimento. Imediatamente pôde perceber a Mestra missionária. Segura, partiu com sua nobre auxiliadora despedindo-se de mim e do plano físico, desapegada, acompanhada de sua confiante e esperançosa guia.

Enquanto isso, no plano tridimensional, eu estava exposta ao julgamento e à aprovação de certo grupo espiritualista, aguardando esperançosa, à espera de oportunidade por participar dos grupos socorristas já estabelecidos, ou de formação e desenvolvimento da minha mediunidade, de poder trabalhar como voluntária em certa casa Kardecista.

Infelizmente, o entendimento das personalidades encarnadas está recheado de regras inúteis e desnecessárias. O trabalho de amparo aos necessitados dos planos sutis, multidimensionais, era demasiado urgente para tanta espera sem propósito. Permanecia, enquanto isso, voluntária e convocada pelos mentores da Luz ao auxílio daqueles planos de realidade, que já há muitos anos conservava-me atuante, como uma trabalhadora e servidora, sem nada disso, os demais, no mundo físico suporem.

· · ·

A Mentora espiritual pedia-me que eu a acompanhasse a determinada casa/sanatório no baixo plano astral. Entramos rápido, cumprimentando os irmãos atendentes, cruzando uma pequena sala de recepção e triagem. Passamos por um corredor central estreito, ladeado por inúmeras salas até chegarmos, bem lá no fundo, ao cômodo acertado. A mulher desdobrada em corpo astral estava recolhida junto à mesa. Resmungava incontidamente, reclamava de sua convocada presença, sem propósito algum, de ser ali conduzida e "detida". Sentei-me junto a ela, quase não suportando o pesado e nebuloso ambiente contaminado dos fluidos psíquicos liberados e disseminados daquela aura. Era-me requerido realizar atendimento fraterno, deveria conversar com a ofuscada e encarnada assistida desdobrada; trazê-la à clareza mental urgentemente. Aos poucos, ela foi desvendando o seu desatino e crime, prestes a ser cometido no mundo tridimensional; ela pretendia matar os dois bebês, filhos gêmeos. Descrevia, vingativa, toda a situação convencida daquela realidade entendida. Não perdoava o bebê que recebera como filho, e via as duas crianças como uma só. Relatava que ele era culpado de tudo de ruim que lhe acontecia. Plasmava em seu colo a imagem holográfica de um crânio de criança que ora beijava maternal a face, ora infligia aos golpes certeiros a afiada agulha de crochê cabeça adentro. A mentora espiritual ao meu lado pedia que eu mostrasse à assistida que este fatídico futuro poderia ser evitado. Não houve jeito, a louca mulher, em sua sinistra e renitente atitude, foi enviada a um plano de tratamento mais especializado. Ela ficaria retida em plano astral, desdobrada em permanente tratamento, mantendo-se, por um período, no plano tridimensional, entorpecida, envolvida em profunda letargia orgânica, propositadamente. Quem sabe poderia desvencilhar-se, auxiliada em tratamento intenso e supervisionado, mais lúcida, desviada do bárbaro crime. Mesmo assim, em seu livre-arbítrio, não poderíamos intervir.

• • •

Desdobrados em veículo astral e com espetacular nitidez detivemos na memória, mental racional/concreto, todo o processo daquele aprendizado conduzido no tempo passado. O largo corredor nos conduzira, o Mestre espiritual instrutor, eu, em missão de aprendizado, juntamente com outro aluno, um jovem rapaz, até a acertada sala no Instituto Médico Legal. Era um cômodo pequeno, e quadrado com paredes azulejadas cobertas por antigas peças amarelas até o teto. Deitado sobre a maca, um corpo ainda quente, recém-desencarnado. Era um homem alto e grande com volumoso abdome. Vestia camisa branca de mangas curtas, calças pretas seguras por cinto castanho, de couro. Consultado, o homem havia permitido que o mentor espiritual conduzisse seus alunos em um trabalho de reconhecimento e exploração de seu antigo corpo orgânico. Já estava repatriado, em superior plano dimensional, liberto; mérito alcançado segundo sua estatura espiritual elevada. Seguramente, o "Eu Sou" já havia desconectado e recolhido seus preciosos átomos permanentes, junto de si, para futura formatação e instalação na nova Matriz, em um planejado reencarne, se assim fosse. O Mestre cirurgião indicava o local exato a inserirmos a mão astral sentindo a textura do órgão a examinar. Propunha ainda mais particularidades naquela especialidade, na inspeção daquela matéria orgânica tridimensional. O outro aluno, que estava ao meu lado, realizava tudo a contento e, como eu, retinha conhecimento técnico adquirido de vidas passadas.

Muitos anos após, no ano de 2004, há mais de uma década deste acontecido, encontrei aquele rapaz no plano físico, agora belo homem, amigo querido e trabalhador voluntário, que prontamente reconheceu minha energia.

A cada nova existência, a Presença "Eu Sou", o Espírito de Fogo Branco, faz verter, da sua magnitude e elevação, sobre o molde programado e decodificado, fração dele mesmo, seus três átomos permanentes sobre esta personalidade projetada e reencarnante na realidade tridimensional. Estes três átomos contém todas as informações; jamais perdidas. A cada findar da vida proposta, o Espírito recolhe, suas "sementes" ou "pérolas" decodificadas que, retidas, permanecem seguras até serem novamente implantadas.

Tenho percebido em consultório, atendendo muitas gestantes, que essa inserção acontece no máximo com trinta dias da concepção, junto à Matriz Etérica do feto em desenvolvimento, onde este vai compor características próprias para desenvolver-se quanto veículo astral/emoção, mental/psique e modelagem física. A semente psíquica/mental será inserida próximo a glândula pineal, e dará a pessoa as características intelectuais e psíquicas a que esta veio desenvolver e trabalhar; a semente emocional será introduzida na altura do Plexo Solar, caracterizando o temperamento emocional daquele ser, segundo suas faixas vibratórias codificadas ao redor dessa semente; a semente física, no coração físico, determinará as características físicas estruturais da pessoa encarnada.

Desde o bebê no ventre materno, a criança que se desenvolve vivente, e o adolescente, até chegar ao Ser amadurecido, todas as informações estão contidas, inseridas neste "programa holográfico" de conformação previamente estruturada, de saúde ou alteração a que o veículo orgânico copiará deste molde etérico. Depois disso, da idade adulta, na maturidade muito do livre arbítrio, digo, segundo suas decisões produtivas, positivas ou negativas, que o qualificam, na faixa vibratória escolhida de atuação, pensamentos, emoções, alimento, sono, sexo e animismo regrados ou não, optará este por manter durante todo o tempo que estagiar neste planeta-Mãe; resoluções de modificação elevada ou de precariedade geral dos veículos segundo conceitos apreendidos ou deformados de que a velhice envolve fragilidade, dependência e doença, ou saúde, independência e beleza.

Do macro ao microcosmo,
tudo é semelhante e correspondente;
onde uma pequena parte, que holograficamente
contêm o grande todo e,
que codificado está no mapa tridimensional do
Corpo Humano à espera de quem as interprete.
O homem reflete seu psiquismo e contagia, construindo e imprimindo
sobre a Mãe-terra e seus planos dimensionais a densidade
dos seus pensamentos e emoções desarmonizados ao longo das Eras,
condicionado e iludido negativamente.
O Ser é responsável pelos desequilíbrios gerados.
Reflete e copia no seu Campo Áurico também as alterações planetárias,
polaridade, a descentralização do eixo da Terra, consequente
assimetria de seu Campo Eletromagnético integrativo, copiando
a mesma alteração planetária;
Estes são sintomas gerados pelo próprio Homem por meio
de seu livre-arbítrio e
de sua ilusão no plano tridimensional e holográfico.

Relatava o marido seguidamente, em sua juventude, certo desconforto na região do peito. Dizia o médico Alopático que poderia haver alguma obstrução mais séria no seu esôfago e pediu-lhe exames específicos para o caso tratar. A setorizada área do osso esterno, no peito sofrido, associada ao *chakra* Cardíaco, energeticamente permanecia oprimida e desgastada, com sensação de angústia e dor, com repetido quadro de falta de ar e sensação potencializada na dificuldade de engolir. No dia seguinte, preocupada, providencialmente intuída, acessei um canal da televisão; entre dois canais fora do ar, assisti um pequeno pedaço de um programa ao vivo. Hoje, mais do que nunca, sei que acasos não existem. Como por encanto, passei por aquele canal que nem sabia existir, muito menos aquele programa, naquele horário, com relatos e experiências espirituais vivenciados. Aquela matéria tratava sobre certa casa kardecista que, naquela época, realizava tratamentos e cirurgias espirituais. Uma médium em transe, munida de uma pequena faca, retirava um tumor das costas da senhora assistida e, na sequência, de outra, do seio canceroso passava, sem ferir o corpo orgânico, uma grande lâmina, concentrada em sua reza. A casa ficava apenas a duas quadras do apartamento onde morávamos e isso me chamou muito a atenção, pois não sabia que aquele lugar existia. Só depois me dei conta de que muitas vezes havia passado a frente à sede espírita. Lembrei-me da sensação estranha e do medo que tive quando dois homens cinzentos se fizeram visíveis, distante a porta do prédio, rindo de mim, diziam que ali eu não entraria.

Com olhos vidrados, eu observava todo o processo. Intuí que a ajuda poderia vir dali, canalizando do Alto. O auxílio rogado colocou-me em profunda oração, requerendo a atenção do grupo fraterno e buscando a possibilidade de atendimento à distância para meu marido, sabendo que o companheiro não iria pessoalmente, por preconceito ao trabalho espírita. Esperançosa, humildemente eu cogitava a possibilidade desse atendimento misericordioso, mesmo sabendo a quantidade imensa de pessoas necessitadas que aguardavam sua vez. Naquela mesma noite, a certa altura da madrugada, observei desdobrada, a movimentação no quarto de dormir. Acordei em sobressalto e sentei na cama quando um dos irmãos trabalhadores do plano dimensional me ordenou que eu voltasse a dormir, despreocupada, assim ajudaria meu marido em tratamento. Continuei imóvel, observando todo o andamento da cirurgia espiritual e controlando minha ansiedade. No dormitório, três pessoas amparavam o assistido gentilmente que, inconsciente, estava em realidade e veículo astral. Um homem segurava sua cabeça astral entre as mãos em suporte, uma mulher sustentava-o pelas costas em proteção, com os braços dobrados, como se segurasse um bebê, acomodando-o carinhosamente, e o outro homem retirava do peito astral uma nebulosa vermelho brilhante em forma de barra alongada. Um cheiro forte tomava o ambiente do anestésico providenciado. Na manhã seguinte, agradecida, inquiria ao marido, tentando estimulá-lo em reconhecimento pela graça recebida; ele nada recordava, somente bem-estar sentia. O exame físico providenciado nada detectou, admirando o médico do plano físico.

$$\bullet \bullet \bullet$$

O ritmado mantra entoado para a tarefa no mundo astral conscientemente conectava-me à fortaleza e ao amparo do "Eu Sou". Manifestava-se a Luz Divina, declinando sobre meu Ser, transpassando toda cercania daquele subplano tenebroso. Do peito, um jato de Luz direcionado do meu *chakra* Cardíaco, vibrando em frequências prata e branco-brilhante banhava toda a paragem e, certeiramente envolvia um dos inúmeros habitantes que, agressivo, comandava os demais, posicionados vigilantes ao redor deste. Os homens tentavam inutilmente me envolver e persuadir. O feixe cristalino transpassava o tórax do malicioso irmão desencarnado que, aprisionado, vibrava associado ao baixo astral, retrocedendo ao toque da Luz do Espírito. Era o mesmo homem da minha infância que me cercava, o mesmo de vida passada, me rondando em teste de fé, obsediando um familiar atualmente desencarnado. Diz o obsessor, agora convencido, acreditar em um Deus de amor, perplexo por isso proferir. Lágrimas brotam de sua face transformada, em arrependimento de seu condicionamento encarcerado a que se submeteu. A missão voluntária teve um bom desfecho nesta realidade dimensional, afetando também e positivamente o mundo físico e seus envolvidos, pois pelo menos uma Alma liberta é reconduzida para reparação e aprendizado na escola espiritual. Os outros irmãos de sua adormecida condição, em caravana, fugitivos em sua ignorância, mantiveram-se enublados, ainda assim, foram tocados pela Transmutadora Chama Violeta.

A elevada frequência prateada não pertence a esta galáxia. É neutra, prana vitalizante, cordão umbilical que nos liga ao cosmo. A frequência vibratória providencial conduz, faz fluir, denota o equilíbrio, a paz e a contemplação para a cura daquele corpo mental demasiadamente alterado. Projetada em direção ao irmão sombrio, encerra influência libertadora daquele ego para sustentação da intensa tentativa e persistente determinação de ligar-se ao "Eu Sou", ao Espírito. O branco-brilhante é purificador, tornando o Ser pleno com a exteriorização do Espírito na Terra. É a Ressurreição e a Vida, pois faz ressurgir da personalidade à Luz de Deus. A luz branca é o Fogo Divino.

A Chama Violeta, o Sétimo Raio e virtude Divina, é Amor, Misericórdia, Compaixão, Apelo direcionado ao Divino, Transmutação, Sabedoria e Liberdade. Com a urgência de dissolver os acumulados fardos kármicos, retroativos da humanidade, Saint Germain, o Ascensionado Mestre da Grande Fraternidade Branca, traz à presente Era da Liberdade, no período de dois mil anos, este acelerado recurso de purificação e transformação das energias geradas durante milênios pela humanidade desarmonizada.

•••

Certo dia, ouvi claramente a comunicação da Mentora espiritual ao meu lado. Cercada de atenção e cuidados, ela estava em presente missão, em certo período de minha existência. Apresentava-se, a irmã espiritual, aparentando quarenta anos aproximadamente, uma mulher de cabelos negros ondulados na altura dos ombros, que surgia muitas vezes em auxílio, amorosa. A nobre orientadora dizia que abandonasse aquele costume, mostrando-me o pano de louça sobre a pia impregnado de resíduos metálicos e nocivos.

Certamente alertava-me do hábito que desenvolvera em minha juventude da utilização de utensílios de alumínio na cozinha. Prosseguia com o danoso hábito, como era costume de todos naquela época, por ignorar os malefícios da liberação de resíduos acumulativos, metais pesados, agregados à alimentação. Eu lavava, lustrando as panelas com capricho de dona de casa dedicada à família. As sopinhas do bebê eram assim preparadas com amor e dedicação. Selecionava a boa água, os melhores legumes e verduras fresquinhos da estação para oferecer à pequena e amada menina saborosas e nutritivas refeições diariamente. Não negava a tarefa materna. Leiga e ignorante, eu não sabia que o alumínio era tão danoso ao sistema nervoso e causador de intoxicação. Mais tarde, ouvi falar da intoxicação aguda – demência de diálise, caracterizada por agitação, confusão, convulsões, contrações musculares e coma, dosagem acumulativa no organismo. Até que pudesse repor novos utensílios de cozinha, nem mesmo as panelas esmaltadas, vitrificadas, que possuía poderia utilizar, pois também liberavam resíduos alterando a saúde; deveriam ser utilizadas e, se fossem, somente até o cozimento, depois passada para recipiente de vidro, temperando a refeição. Estes pequenos toques e outros revelados ao longo do caminho, valiosos aprendizados de proteção, canalizados da espiritualidade Maior, fez-me mais consciente do plano físico em que estou inserida, dos enganos sugestionados, aceitos e condicionados pela humanidade durante décadas em risco. Fez-me reviver, liberta, o gosto pela pesquisa, de tudo, para melhor viver nesta realidade dimensional.

Ainda hoje, para muitos, o que está condicionado há décadas é difícil desapegar-se, porém é uma tarefa necessária e urgente. Descobri que sequer precisávamos cozer os alimentos, que a humanidade começou a adoecer quando se tornou cozinheira e que o alimento cru é vivo, puro prana, energia vital de Deus. Sendo vegetariana há praticamente trinta anos, acabo por sutilizar minhas frequências vibratórias possibilidade de alto alçar, longe das frequências doentias, patológicas, dos alimentos industrializados e sem vitalidade, como as carnes, as farinhas processadas, o açúcar e as bebidas gasosas, por exemplo; todos acidificantes do sangue e onde existe acidez alterada, há possibilidade de inflamação. Sugere que tudo que utilizamos, facilitado e de rápido preparo e consumo, anunciados na mídia, consumido pela maioria inconsciente, permanece vibrando em baixas frequências, das doenças autoimpostas; a mesma baixa frequência existe nos alimentos processados, desprovidos de energia vital, com acrescentados sintéticos e químicos.

Observando a qualidade da água, em acertado jejum e a dieta prânica dinamizada, o Ser acessa mais facilmente recursos valiosos de percepção do todo. O que a grosseria e estupidez humana impõem ao Reino Animal, sofrimento e escravidão, iludida de que se suas carnes não comer terá doenças e desnutrição. Ora, é exatamente o oposto, a quem querem enganar? Até na estética corporal existe um argumento errôneo de que o cabelo opaco, a pele sem viço estará fragilizada e o tônus muscular com a flacidez tão temida se imporá se a ingestão viciosa não for concretizada. Observem na natureza os animais vegetarianos, fortes, calmos, pacíficos.

Adverti-vos, *"vós sois deuses"*, deuses por meio do reto pensamento e do fermento da correta emoção, feito palavra, ação; interiorizados nos planos dimensionais ou projetados nos mundos "materializados".

●●●

Menina ainda pequena, de recém-completados cinco anos, naquela tarde de verão e em companhia da tia querida e de outros parentes, eu adentrava providencialmente na casa Kardecista. Permanecia adoentada, sem energia, desde o momento em que fui conduzida, semanas atrás, pela mãe a certo culto de crentes. Naquele dia, pude lá acessar nitidamente, com a terceira visão, um homem envolto em negra nuvem, vestido de preto, que flutuava pelo astral bem próximo ao teto do grande barracão. Permaneciam instalados, nutridos pelo dogma local, persistiam obsessores, junto aquele grupo dos participantes, de pedintes acuados. Um deles falava sozinho, ria muito alto, debochado, esbravejava. Com ele havia muitos outros que "voavam", locomovendo-se livres e envolvendo determinados ouvintes, crentes que permaneciam entorpecidos com a longa palestra de explanação. Uma daquelas sombras descia por uma corda projetada e eu pensava em como isso era possível. O homem circulava pela multidão alucinada, gritando e encarando as pessoas bem de perto, em suas faces baforava. A gritaria do microfone me nauseava. Ninguém via nada, nem ligavam para aqueles homens maus, criança eu pensava. Bem do alto no salão, aquele que eu mirava, sentindo que eu o observava, desceu rapidamente, chegando bem perto de mim em reconhecimento. Uma vertigem traspassava e tomava conta do meu corpo pálido. Dizia o homem que não adiantava eu me esconder, que ele já estava me vendo e que iria para minha casa, pois já sabia quem poderia acompanhar; tinha a necessária sintonia da minha condutora, de fragilizada mediunidade desequilibrada.

Sentada ao lado da tia na casa kardecista, de súbito, comecei a passar mal. Tinha vontade de chorar, um peso enorme tomava conta de mim, como se deslocada do mundo estivesse. Conduzida para fora pelos trabalhadores voluntários para tomar fôlego, fiquei sentadinha na escada de poucos degraus, frontal à entrada principal da casa de madeira; até hoje recordo das paredes pintadas, cor de uva. Na larga varanda que circundava todo o perímetro da sede espírita, encontrei, assustada, bem próximo à porta, dois homens impecavelmente vestidos de branco, "como enfermeiros", pensei. Aproximaram-se de mim, pedindo que eu me tranquilizasse e que estariam sempre comigo, protegendo minha existência até meu último dia na Terra. Os vi muitas vezes ao longo dos anos que se passaram, inclusive na assistência em desdobramento no plano astral. A preocupada tia, ao retornar para sua casa comigo, me perguntou o que eu havia sentido, porque de repente eu ficara de pé e, com quem eu falava até perder a consciência. Relatei que lá dentro, na assistência da casa Kardecista, percebia muitas pessoas vestidas de branco, amigáveis, lado a lado, atrás do grupo sentado à mesa, olhavam para mim e conversavam; eu não sabia repetir o que falaram, havia algo ruim atrás de mim, só me lembrava da vertigem e da incontida náusea, como se algo penetrasse o meu abdômen, oprimindo as costas. Disse que lá fora aqueles homens cuidaram de mim. Afirmava a tia que naquela casa não haviam pessoas vestidas de branco, não era o hábito daqueles trabalhadores voluntários.

Certo dia, fiquei sabendo, porque, curiosa, eu ouvia o que conversavam abertamente os adultos, que a tia ansiosa pediu para uma das pessoas, que nos acompanhava naquele dia, que perguntasse na casa espírita o que havia se passado comigo. Depois disso, visitei alguns doentes não entendendo bem o porquê desse compromisso.

Bem antes de completar sete anos de idade, recordo, uma parenta retirara o seio direito, tomado pelo câncer. Obviamente, os adultos, abatidos, tentavam omitir das crianças da família todo esse sofrimento. A gravidade do caso era chocante, pude ver a metástase infiltrada desde os pulmões, dispersando-se carreada, quase pela totalidade dos órgãos, chegando até o útero. Em dimensão astral, deslocada até a casa de minha avó e em companhia da prima doente desdobrada em veículo astral, mostrava-me o peito com tremenda cicatriz do seio extirpado. Eu podia ver os grumos azulados e o edema acumulado da enfermidade que não havia regredido às tentativas de cura de oportunizado tratamento médico na época. Eu assustava os adultos quando comentava certas coisas proibidas para minha idade. Neste mesmo período, fui levada até aquele apartamento escuro onde a prima acamada morava. Tive muito medo de entrar. Toda encolhida e com muita dor de estômago, eu sentia o fétido cheiro do ambiente doente e das pessoas sem fé e desesperadas que ali moravam. Eu tinha os olhos nublados, com visão amarelada, visualizava as densas nuvens pardacentas e ameaçadoras de matéria psíquica contaminante, salpicadas de grumosa matéria escura que flutuava, quase física, pela residência sombria. Em um dos dormitórios alguém falava sozinho, pois a enferma ali estirada ao leito dormia profundamente. Eu não sabia quem era aquela sombra, homem que chorava e falava sem fim, repetidamente; estava atrás da porta guardando a mulher, inerte e desfalecida. Voltei para minha casa exaurida e passei a semana assim, muito adoentada, até conseguir expurgar os resíduos danosos, recobrar a perfeita circulação energética e harmonizar a simetria do meu campo eletromagnético, aprumando o eixo central ancorado ao planeta e ligado aos céus do Espírito.

Crianças com mediunidade ostensiva não são muito bem entendidas nem amparadas no plano físico por despreparo, preconceito ou condicionamento religioso dos pais ou dos tutores responsáveis. Vejo muito isso, ainda hoje em consultório, parece haver uma confusão entre o vivenciar da espiritualidade naturalmente em nós e o cumprimento do ato religioso, por vezes dogmático. Talvez alguns neguem essa verdade, pois somos espíritos vestidos de carne, iludidos, falhos, podemos permanecer ofuscados da Realidade. Outros ainda se valem dessa mediação infantil para proveito próprio, explorando a criança em tão tenra idade, impondo-lhe a cura de seus tecidos físicos comprometidos pela ação desequilibrada elegida, desta ou de vidas passadas, que curados seriam, por compensatório amor e perdão ao próximo e a si mesmo, generosamente e meritoriamente, quando a Alma liberta-se do ego, daquele condicionamento autoimposto. Acredito que nos fortalecemos com os eventos programados para esta existência e que temos livre-arbítrio para passarmos bem rápido, com entendimento pelo aprendizado proposto, lapidando nossa Alma. Os Mestres espirituais estarão sempre atentos e disponíveis para todo o bem possível. E os dois enfermeiros do Alto plano espiritual seguiam ao meu lado, protetores. Nunca estamos sós ou desprovidos de recursos do Espírito no plano tridimensional ou em outro qualquer. Enfim, parece que tudo está certo; só assim nos tornamos as pessoas que devemos ser hoje.

•••

Vi à minha frente aquela tia querida que há muito não recebia notícias. Ela me conduzia pela mão, no deslocamento do meu dormitório até a cozinha. Eu, desdobrada em veículo astral; ela, sussurrando, amedrontada, alertava-me que o gás do fogão estava vazando e que eu deveria desligá-lo. A tia apertava os olhos, em pânico, escondida atrás da porta. Quando percebi, estava desdobrada em outro cenário, no plano astral. Naquele apartamento desconhecido ia tateando pelas paredes da cozinha escura à procura do registro a desligar. Agora entendia o acontecido; a assistida, dizia o Mestre da Luz, desencarnara há mais de dez anos e naquele ambiente permaneceu inconsciente de sua condição. Comovida fiquei pelo sofrido evento ocorrido e feliz permaneci por poder a amada tia encaminhar, liberta para o segmento da vida.

Este trabalho amoroso é sempre acompanhado pelos irmãos fraternais, trabalhadores da Luz, no momento exato e propício a alcançar os melhores recursos e resposta positiva para o tratamento daquele ente socorrido.

●●●

O médico de plantão, na cidade gaúcha, alertava que o hospital interiorano não comportava a presença de especialista neurologista, e que deveríamos, às pressas, conduzir nosso filho, de ambulância, até a capital, há duas horas dali. Minha criança querida havia sofrido um grave acidente na escola, batendo forte a cabeça sobre o chão lajeado. Na correria do findar das aulas matutinas, derruba e cai sobre o pequenino outro aluno, de série mais avançada, muito maior que meu filho, na época com idade inferior a cinco anos. A freira, junto à portaria da grande escola, com ele nos braços, alertava o marido que a criança não parava de chorar e que poderia ser do susto sofrido e também um pouco de manha. Quando eles chegaram em casa, eu fui logo o dirigindo para um banho fresquinho e imediatamente observei as enormes pupilas dilatadas. Passando a mão em frente ao seu rostinho, percebi que ele não me enxergava. O seu pediatra foi imediatamente chamado ao hospital. Atento à reação do paciente, o médico passava um objeto pontiagudo na extensão da planta de seu pezinho, sem reflexo algum; o menino, agora sem consciência, permanecia estirado. O pai tomava as providências para o rápido deslocamento do filho, e eu, ali mesmo, cercada pelos dois médicos, pedi silenciosa, ajuda a Deus e aos Mestres da Luz que intercedessem por meu menino. Concentrava-me na imagem da curadora Mãe Maria, conversando o tempo todo com o menino desacordado. Neste momento fui transportada, na linha de espaço-tempo futura, elevando minha "antena psíquica" da terceira visão, e vi meu filho em outra cidade, atravessando cauteloso a faixa de pedestres; tinha somado à idade atual, talvez mais sete ou oito anos acrescidos; saudável, alegre. Dizia a ele que estava tudo bem, que a mamãe estava ali pertinho dele. Os dois doutores me olhavam espantados, com a minha segurança e determinação, enquanto o recurso providencial, uma chuvinha de luz cristal, verde brilhante, caía sobre a maca movendo-se viva, com plena autonomia, interpenetrando o corpinho entorpecido, envolvendo-o e curando-o. A luz penetrava seus portais dos ouvidos e entrava coroa adentro, iluminando sua pequena face e toda a extensão da coluna vertebral. Os olhinhos de Luz se abriram repentinamente e em um sorriso foi logo me abraçando e chamando – Mamãe!

De nada recordava o meu amor. Ficou em observação naquele mesmo hospital até o final da tarde e logo retornou ao lar, curado de todo o edema cerebral; nenhuma fratura e qualquer sequela existiam. Retornou meritoriamente consciente, recuperado, o menino, saudável, ao plano de realidade física, à sua Missão, o Ser encarnado, em processo contínuo de desenvolvimento e aprendizado.

● ● ●

A Personalidade ou Quaternário Encarnado é uma projeção holográfica inserida no orbe ao qual deve desenvolver-se. Compõe-se de Corpo Físico, Matriz Etérica, Corpo Astral e Corpo Mental inferior ou concreto, cada qual, uma fração mais sutil do todo, que interagem mutuamente nos respectivos planos de realidade e com seus veículos superiores vibram em altas frequências (doze corpos no total) interagindo no espaço-tempo positivo e negativo.

Os veículos mais sutis locomovem-se no espaço-tempo negativo com velocidade mais rápida que a luz, acessando diversa realidade(s) paralela por meio de seus Portais Interdimensionais, "máquina do tempo".

O corpo físico, supostamente materializado, é uma projeção holográfica da Mônada (o Ser Real) e experimenta constantemente eventos previamente traçados pela Alma, que faz "descer" e reencarnar sua fração, com a finalidade de conhecimento e "lapidação" do Ser.

Cada Portal Interdimensional está relacionado na linha do espaço-tempo e, devido a sua simbologia expressada e decodificada no mapa tridimensional humano, relaciona-se a eventos determinados pelo qual a personalidade terá que passar para aprendizado e coleta de dados, interação com a Alma. Acessando estes portais, já viabilizados e desenvolvidos, na sequência evolucionária do Ser, possibilitaremos a cura dos veículos relacionados à teia dimensional infinita, das vidas propostas ao longo das eras.

Coexistimos em sete planos de realidade dimensionais a nível planetário; projetados holograficamente para experimentação e coleta de dados, no plano tridimensional ("físico"), ao longo da Linha de Tempo, somos constantemente influenciados e influenciadores por estes mundos paralelos, somente acessados por meio de Endereços Energéticos (você mesmo, vestido de outra personalidade momentaneamente; chave esta que "abre" e que te favorece a entrada, a viajem, por tantas vertentes dimensionais infinitas).

O universo denso e tridimensional aparentemente matéria tangível é projetado holograficamente por nossos cérebros em comunhão com seus centros perceptivos – os cinco sentidos orgânicos reconhecidos, manifestando-se de forma ilusória – *maya,* a realidade, elegidos cenários plasmados em que vivemos. O espaço-tempo Positivo representa esse mundo organizado por um espectro de energia e matéria construída que vibra e se desloca à velocidade menor ou igual à da luz. O hologram está fora do tempo linear e do espaço tridimensional, acessando sentidos além daqueles mais orgânicos.

Denominamos de espaço-tempo Negativo as "substâncias" que vibram e se deslocam em velocidades muito superiores à da luz; onde a energia é menor do que zero. A matéria tem energia positiva, a gravitação tem energia negativa; as duas podem se anular.

O homem é um holograma, pode viajar pelo tempo e pelo espaço, alcançar a eternidade e voltar à realidade a que escolha experimentar, podendo, inclusive, vibrar em todas essas dimensões simultaneamente. É um ser multidimensional. Ele é a ligação entre todas as coisas.

•••

Praticamente todos os dias, atrapalhada com a linha de tempo deste plano tridimensional e além, exaurida, agitava-me e, em minha confusão, permanecia. Criança de nove anos completados, cursando então a quinta série, naquele próximo ano repetiria, perdida, o ano letivo. Lição feita e trabalhos escolares revisados, mochila escolar arrumada toda noite eu deixava. Pela manhã, trocava todo material guardado e, apressada, saía rumo à distante escola. O prévio horário agendado para cada matéria naquele dia requeria; se aquele dia fosse, por exemplo, segunda-feira, eu afirmava que estávamos na terça. Sonhava e lembrava nitidamente, na noite anterior, das experimentações antecipadamente ocorridas. Assim para a escola de Irmãs Clarissa, não levava o material, nem os deveres propostos para a aula programada. Permanecia angustiada com a confusão e meus erros cometidos.

Nesta época, mais do que em outras, me sentia desamparada e diferente das demais crianças. Sabia o que os outros pensavam e não gostava nada disso, sabia por antecipação eventos que iriam ocorrer.

Ocasionalmente, comecei a sentir meu campo áurico se expandindo e as cores que os veículos astrais se vestiam, as emoções das demais criaturas ao meu redor, que assim não poderiam ser ocultadas. Ficava olhando abismada, outras vezes entretida com a claridade ou com as historinhas da aura. As histórias da aura são as egrégoras ou formas-pensamento impressas, soube mais tarde, frações de acontecimentos aderidos ao Campo eletromagnético, gerados ou atraídos, passando como um filme, que permaneciam com o constante pensamento detido. Desdobrada facilmente em corpo astral, saía porta afora à noite, me lembro. Certa vez, vi no céu estrelado a nave de neon rosa, bem acima de minha casa. Meu coração alegre se fez com o presente recebido. Uma motivadora mensagem canalizava, a fortaleza do amparo, de que "estamos olhando por você, acompanhando, seguindo sua existência". Nada de mal projetavam, só proteção e amor e que, mais para frente, no tempo, estariam ainda mais presentes.

Depois, já adulta, senti-me envergonhada, por um bom tempo, de ver as auras coloridas. Como se indiscreta fosse visualizando as intimidades alheias de gente descontente e doente ou de ocultadas deformações morais.

•••

Somos deuses construtores,
focalizamos para materializamos
por meio do pensamento e da emoção nosso
mundo particular, em harmonia ou desarmonia.
Estamos inseridos em uma
linha de espaço-tempo,
começo, meio e fim,
que somente nesta ordem existente
no Plano Tridimensional.
Projetados em um bolsão ou
realidade ilusória e holográfica,
propositadamente para
experimentarmos eventos e
coletarmos dados, conhecimento
e desenvolvimento,
Karma ou Dharma.

Para aqueles que vibram nas frequências
Além do carma
Criando a sua realidade presente
Por meio do
Pensamento correto e do
Fermento correto da emoção.

O sonambulismo sobrecarregava a pequena criança constantemente. Praticamente todas as noites, desdobrado, meu filho era levado para o baixo plano astral, submetido ao processo cármico sofrido. Permanecia prisioneiro daquele subplano por energias nefastas que o atormentavam de sua condição, envolvido. O amoroso menino, exausto das noites em batalha, recebia apoio possível dos genitores e dos Mestres que, ao seu lado, sinalizavam o caminho de volta. Certa manhã, eu acordo subitamente percebendo o pequeno, em desdobramento astral, contemplando em agradecimento, aos pés da imagem da Santa Mãe Maria, a Mestra de Vênus, imagem pousada sobre a cômoda em frente ao meu leito. A afortunada criança, agora em realidade tridimensional, pula da cama e corre aos meus braços, esperançosa. Do aroma floral dispersado no ambiente, belas margaridas holográficas tomam o quarto surpreendentemente. Um abraço apertado nos unia emocionados. Revela o filho saudade, como se há muito estivesse afastado da mãe amada, emancipação da Alma.

Outras vezes brincava o menino pela casa, correndo ou dirigindo sua motoca, sorrindo e conversando em fluente inglês com a sua amiguinha invisível. Aos olhos físicos, aquela energia não podia ser vista.

Era uma pequena garotinha de belo vestido florido, cabelo trançado com fitas brancas em laço. Escondia-se, levada, com risinhos contidos, debaixo da cama, espiava e se escondia.

A margarida holográfica (recurso canalizado de Altas esferas; céus espirituais) plasmada no ambiente agora transformado, adoentado de conceitos trazidos, contaminado, colocada sobre os Portais Interdimensionais ou naturalmente aderida aos corpos sutis possui poderoso poder curativo. De imediato, a personalidade liberta sente-se capacitada para acessar, recriar novas possibilidades e colapsar novos mundos particulares, neutralizando pensamentos e emoções daninhas, harmonizando-se e elevando-se. O íntegro e saudável mundo interno, com discernimento e sabedoria, afinando a Alma, acessado pelo "Eu Sou" até sua origem Estelar.

Como um lenitivo medicinal, presenciei atuante, em outras diversas oportunidades promovidas, as indulgentes margaridas inseridas, ao longo dos *chakras* e posicionadas, requerendo equilíbrio e alçando a personalidade a elevadas e renovadas alturas autorizadas.

Cada veículo de terceira dimensão é um portal ligado ao núcleo de cristal da Mãe-Terra, mantido com o poder da Kundalini (Fogo Serpentino) da criação de Campos, para acessar qualquer dimensão. O nosso cérebro físico é capaz de compreender a nódoa holográfica – "linhas" de energia – que, projetadas de planos dimensionais superiores, são direcionadas para uma realidade mais densa, compatível com a mente concreta e racional, que crê e o converte em mundo único e real, *Maya*.

A multidimensionalidade é a existência de muitos planos paralelos de realidade; de se existir em cada um desses planos simultaneamente e interdimensionalmente, um afetando o outro e participando com um veículo de manifestação apropriado para cada padrão vibracional.

Em cada dimensão desenvolvemos faculdades, habilidades inerentes ao Ser inteligente.

•••

Para todos aqueles que
Dançam na
Trilha do Dharma – a natureza Divina
Que você deve se tornar.

A partir do momento que nos tornamos cientes das nossas elegidas construções mentais neste mundo plasmadas e do intenso autopoder de cura concedido a todos nós, agente compulsório bem entendido, optamos em deliberar a sequência desse planejamento, da vida a seguir.

Cópia exata ao molde Etérico, saudável se assim estiver programado, o veículo de manifestação física permanece estabilizado se não influenciado for pela ilusória construção mental desarmonizada da aparente realidade tridimensional e das vibrações externas emanadas por seus habitantes. Maior responsabilidade o Ser desenvolverá, elucidado desse precioso recurso, tanto na sua aplicação quanto na acertada utilização, principalmente, no atendimento aos irmãos assistidos no processo de cura acessada de Deus.

Parte do meu dedo havia sido dilacerada naquela manhã. Por descuido, a pesada louça ensaboada caíra na pia, retornando lascada a afiada lâmina certeira em alguns pontos da mão. À tarde, aquela fração do dedo, o mais atingido e sem circulação sanguínea, pendia por um pedaço de tecido morto, bloqueado, acinzentado permanecia. Pior em estado degenerado aquela parte necessitava retirada urgente para evitar a contaminação geral. Inconformada com aquela condição orgânica, rápida imagem captei do Alto para utilização prática e imediata no socorro do veículo físico. O teor da mensagem recebida alertava a não necessidade de conformidade com a alteração defeituosa infligida. Visualizava à minha frente ferramenta holográfica, o cristal disponível para uso, o Quartzo incolor, "Clínico Geral", vibrando nas sete frequências partônicas, feito Arco-íris, *prana* de Deus, disponibilizava seu potente recurso regenerador e curativo. Em formato de dedal, era colocado justaposto ao dedo Etérico, fortificando sua decodificação estrutural, impondo-lhe à contraparte orgânica, sua forma original, fazendo esse veículo assumir e copiar o que lhe era proposto. Linha após linha, a matriz decodificada é acessada em sua estrutura original, perfeita. Prontamente, a fração envolvida sangra abundantemente e sua circulação desvitalizada é recuperada. O tecido inchado e avermelhado, agora aderido, rapidamente cicatrizava, completando o modelo exato, cópia fiel de sua Matriz Etérica, saudável.

Com esse episódio, aparentemente acidental, pude, mais uma vez, consciente, afirmar-me do aprendizado proposto, de quem realmente sou, de minha verdadeira origem e da minha condição atual encarnada, quanto extensão do "Eu Sou" aqui na Terra, e dos disponibilizados recursos presenteados do Alto. Relembramos que não estamos sós ou desligados de Deus, muito menos desamparados. Incondicionalmente é evidenciada, fortalecendo a personalidade, a certeza do amparo da hoste da Luz, permanentemente atuante e amorosa, de cuidadoso olhar sobre todos nós, mesmo quando de nada disso estamos cientes.

Os Cristais Holográficos são recursos do Alto, presenteados providencialmente, disponíveis e acessados, são ferramentas enviadas para utilização segura no tratamento do setenário multidimensional (os sete corpos ou veículos do homem a nível estrutural planetário) e de seus respectivos planos dimensionais associados. Eles podem ser instrumentos canalizados por todos, como no atendimento ao assistido para reprogramação e ativação de frequências reparadoras dos veículos dimensionais; desprogramados os campos estão sujeitos a nocivas infiltrações, também de vírus eletrônicos no campo áurico alterado. O Holocristal é diretamente aplicado, mais rotineiramente na Matriz Etérica, ao Veículo Astral ou à aura mental, ovalada luz. Também na meditação, o cristal é um intermediário valioso no processo de sintonização e comunicação cósmica, vinculado a determinado *chakra*. O cristal pode amplificar o processo de sintonização telepática, sendo colocado diretamente contra a testa, entre os olhos físicos, em frente à glândula hipófise, aumentando a atividade dessa importante glândula. Pode ser assentado sobre o *chakra* Coronário ou diretamente sobre a glândula pineal, para se atingir determinado grau de pensamento, visão superior e cura.

O veículo orgânico, como também os sutis (holocristais aplicados) favorecidos por ajustes, por meio dos elixires dos variados especialistas, cristais e gemas preciosas, beneficiam-se também desses valiosos recursos utilizados.

A evolução crescente desse mecanismo ou ferramenta, Holocristal, permite o desdobramento e o avançar das pesquisas pela visualização (olho da mente superior e abstrata, *chakra Ajna* ou terceiro olho) na sua aplicação; o efeito e o seu alcance são demonstrados por meio dos benefícios acessados no tratamento. Desde o ano de 1994, vejo conscientemente sua utilização rotineira e, por volta de 2002, na assistência em consultório sua aplicação curativa.

Essa ferramenta canalizada, muito avançada e pouco conhecida, é acessada de "Eu Sou" e supervisionada, aqui nos planos de atuação, da Nave Mãe diretamente (extraterrestre); é particularmente a mais utilizada em sala de tratamento; trata e previne desequilíbrios a nível atômico (até onde podemos perceber e alcançar). São cristais de energia ainda mais luminosa, pois agem ainda mais rapidamente se comparados aos cristais "materializados" no plano de realidade física. São visualmente também por alguns clientes detectados e sentidos; plasmam-se no campo unificado, mais comumente do Duplo Etéreo, ou mesmo em órgãos desse corpo sutil, na aura interna ou externa do indivíduo. São apresentados com modelos geométricos perfeitos, esféricos, ovalados, lapidados nas mais variadas figuras geométricas, como ainda em formato de arcos, de placas, de duas ou até três camadas, especializados na desintoxicação e desbloqueio recuperação de órgãos e sistemas, tonificante dos sistemas desorganizados ou como estabilizadores gerais do Campo Áurico ou do eixo central; os semianéis assentados ao fundo áurico e na parte superior a cabeça realizam também importantes funções curativas de consolidação ou como estabilizadores, cada qual aplicado, em sua realidade dimensional.

Esses cristais holográficos assemelham-se, em uma linguagem mais inteligível, que a mente concreta possa compreender, também a cristais líquidos maleáveis ou mais condensados; são etéreos, vibram em oitavas superiores altíssimas.

Os cristais, Holocristais, são inseridos diretamente nos corpos sutis e, permanecem, algumas vezes, ainda conectados, mesmo após o término da sessão de atendimento com o retorno do assistido; em sessões de tratamentos posteriores, permanecem aderidos ao Campo Unificado (ao Ser integral, Holístico). Cumprindo a tarefa programada, o cristal de Luz Líquida é desmagnetizado imediatamente, desagregado, teletransportado do campo já tratado para seu local de depósito. Pessoas em tratamento, dotadas de percepção extrassensorial mais desenvolvida relatam a sensação de possuírem nas mãos ou em outras partes do corpo físico, formas de esferas ou placas, com pesos mínimos específicos e que podem ser percebidos em outras ocasiões, após o término da sessão de tratamento.

O assistido recebe esta frequência vibratória canalizada, holográfica – como moduladores, acelerando a velocidade vibracional do campo ou dos portais (*chakras*), apressando o processo de recuperação de canais energéticos, construindo verdadeiras barreiras de proteção e de reprogramação energética, a nível partônico. Manifesta seus benefícios em órgãos e sistemas orgânicos e canais energéticos (isso até onde temos acesso em percepção e evolução o podemos alcançar). Para cada situação, será canalizado um cristal específico, mesmo antes que a personalidade do terapeuta possa perceber e atuar intuitiva e intelectualmente, comprovando a atuação do "Eu Sou" e acessando o "Eu Sou" do necessitado assistido.

A VIDA HOLOGRÁFICA

•••

Deslocada providencialmente no plano astral, amparada pelos Mestres da Luz, envolta em brumosa luz branca, deparei-me com um irmão, personalidade reconhecida de vida passada; bela menina reencarnada presentemente, minha amada filha. O ser transformado em frangalhos, absorto em seus viciosos pensamentos e iludido com sua construída realidade dimensional plasmada, deprimido, reproduzia, persistente, o sofrimento e a miséria reconhecida; seu Hades privado. Qual mendigo, negando o amparo Divino, vagava pelo cenário tenebroso, mal cheiroso e de negra tempestade permanente. Repetidos apelos fiz ao homem, chamando-o pelo antigo nome. Custosamente o renitente fascinado reagia, esquecido de tudo, não reconhecendo minha energia, porém, mais tarde, providencialmente, pôde ser resgatado, segundo seu mérito, pelo grupo socorrista da cidade hospital, localizada em elevado plano etérico. A onipotência amorosa do Pai chamava-o para reparação, iria reencarnar por meio de mim e de meu par. A partir daí, ele foi instruído e preparado para a aceitação de sua nova tarefa.

Flores de Luz azul, belas camélias holográficas colocadas ao chão, sinalizavam e balizavam a trilha, percurso solicitado ao casal em festejos recebidos, conduzindo-os até o homem, ainda adoecido e alienado; muitos irmão espirituais marcavam presença em apoio e comemoração a sua agendada expedição. Desfiz-me de todo ressentimento e vi cair aos meus pés pesada couraça emancipar-me do enorme erro do passado, a indiferença. Minha aura mais purificada, envolvida por providencial holofloral presenteado, absorveu elucidada, aninhando o irmãozinho em meu coração, qual bebezinho de Luz, em completa concordância ao chamado, a Missão amorosamente aceita, desde então. Os preparativos para o modelo etérico ser implantado no útero materno seguiam a contento. Uma delicada e amorosa menininha veio ao mundo terreno encantando a todos, colorindo minha nossas vidas de alegrias e satisfação, acolhimento de amor. Esquecida da personalidade passada e de seus vícios, poderá ela, agora, seguir renovada e favorecida; resguardada neutralização; trabalhar para a nova empreitada da vida terrena,

61

retirar os véus que a encobrem da Luz que realmente é. Meu belo presente nasceu no domingo, dia das mães. Eu estava muito tranquila e não via o momento de ver seu rostinho. Na manhã do sábado, no hospital, enquanto meu marido tomava todas as providências, acomo-dei-me na pequena sala reservada de recepção. Era um canto fechado, com iluminação agradável, com, talvez, seis assentos dispostos em formato de letra "u". Imediatamente acercado de mim um casal que anteriormente não havia visto ali. A mulher aninhava no colo, bem junto ao corpo, ocultando seu rostinho, embrulhado em xale branco, um pequenino nenê. O homem, de face bizarra, inicia a conversação dizendo que minha menina demoraria um tanto para nascer, mais que estava bem, que eu não deveria me preocupar, ficar em paz. Ansiosa, como que pedindo socorro, daquela estranha abordagem, olhei para o meu marido, ocupado e nervoso, preenchendo toda aquela papelada de entrada, no mesmo hospital porto alegrense em que nasci, quando retornei meu olhar, já haviam desaparecido, como por encanto. O parto realmente demorado na noite se estendeu. Exaurida, eu via um enorme tubo de luz branca e me sentia assim, como uma passagem aberta. Após cinco dias de certas complicações na saúde do bebê, pude levá-la, minha joia de Luz, para o lar.

Vi muitas vezes, até certo momento da infância de milha filha, aquele homem, mostrando-se para mim, como amparo e certeza de que estava tudo bem; seu nome, Daniel.

A camélia, citada inicialmente, é flor branca belíssima no plano tridimensional, "materializada"; seu nome científico é *Camellia japônica L.*, e dela são preparados, também, no plano físico, florais vibracionais. Como Holofloral (vibracionais de altíssima frequência; não físicos) inserido à matriz etérica do Ser tratado ou neste caso a sua contraparte, no plano astral, trata principalmente das mágoas profundas, destes veículos Astrais citados, tanto do casal como o Ser reencarnante; de sua cor cristalina azul acessa a alta frequência das potentes hierarquias angélicas, providas das moradas celestes, bem próximo do Pai criador, primeiro Raio Azul – qualidade Divina (Força, Poder de Deus e Fé), permitindo a conexão com os corpos sutis e a Alma, amor altruísta e incondicional. Ao mesmo tempo, conduz o assistido tratado à aceitação da Realidade; é a canalização do Divino, disponibilizada do Alto, do despertar da nobreza e da dignidade.

•••

A dificuldade de se aceitar aquilo que não podemos presenciar com os sentidos físicos e reconhecê-los com a mente racional/concreta, fazia o pai da doce menina, duvidar da influência danosa que, por longo tempo, a querida, em processo cármico reparatório, sofria, pois a personalidade paterna de nada recordava de todo o longo processo restaurador para o seu reencarne. Um desencarnado infiltrado acessava no lar a criança; com a vigília da mãe, determinada, porém exaurida, era surpreendido e apressado sumia, estratégico, parede adentro. Dizia o obsessor, inquirido pela mãe, estar ali há muito, por ordens superiores, vindas do baixo plano astral, umbral, e que ali ficaria. A visão de um homem alto, de lisos cabelos negros, vestido de longa túnica, com invisíveis pés, deslizava, flutuando acima da densa nuvem negra até o leito da criança, posicionado, impondo-lhe os escuros fios fluidos, magnetizadores, fazendo sua vitima desenergizada, adoecer cada vez mais. Certa vez, manifestara-se para o pai, incrédulo, que o percebe, horrorizado. Qual esfera azul, transformado, ricocheteava por meio do extenso corredor chegando ao dormitório da criança asmática.

O olho que tudo vê podia perceber os planos dimensionais, seus subplanos, com seus habitantes corrompidos e escravizados por outros, hierarquicamente. Esses "soldados" tentavam, desarmonizando o lar e seus habitantes, circular livremente e resolutamente alcançar seu intento. Só o verdadeiro amor e a proteção dos pais aos seus filhos, espíritos emprestados de Deus, unidos em harmônico entendimento, fé e guarda Divina, pode estabelecer, desimpedindo o livre caminho, recursos necessários para encaminhamento daqueles outros que, confusos, geridos ao entendimento e reparação de seus atos, libertarem-se também.

Completados os oito anos de idade, a menina cumpridora de seu *karma*, pôde livre desenvolver-se em paz. Sua condição de outrora, homem envolvido com a bebida e o vicioso fumo, fez a personalidade passada desencarnar, abreviando seu aprendizado naquela existência; mental ofuscado, desesperança, desistência da vida. Sua família responsável, a mesma dessa existência presente, desta vez assumiu seu amor e compromisso reparando seus erros passados. A doença física se manifestou durante sete anos, aqueles anos anteriores da vida desiludida e abandonada que precipitou sua morte. A medicina Alopática, paliativa, não resolvera o sofrido quadro que impossibilitava a infância normal da menina adoentada. Somente a Cirurgia Espiritual, aplicada pela mãe com o consentimento e supervisão do plano Superior, juntamente com o tempo restante resgatado e cumprido, negligenciado anteriormente, pôde livrá-la de tão dolorosa realidade autoimposta, do grande bloqueio energético.

Os Miasmas alojados ou Elementais, aprisionados milenarmente e aderidos aos veículos sutis, vibram até desembocarem-se nos tecidos orgânicos do Ser. São antipartículas incutidas, mais comumente depositados na Matriz Etérica. Posteriormente, esses elementais de Segunda Dimensão manifestam-se no veículo orgânico eclodindo em patologia, reconhecida e denominada pela medicina tradicional. Estes Miasmas contêm memórias de padrões de doenças que podem ser ativados com o rebaixamento vibracional do ser, do seu pensamento desarmônico e o produtivo e nocivo fermento da emoção desajustada com a Luz da Alma.

●●●

Por meio da fenda dimensional aberta no espaço-tempo, abarcado Portal Interdimensional, digo, *chakra* mais desenvolvido, acessado, entrecruzaram-se quatro vidas projetadas, na realidade daquele cenário marítimo; em um ponto determinado da linha do tempo tridimensional elas encontram-se, somadas em fortaleza, para o restabelecimento e resolução do "todo". Suas distintas personalidades envolvidas, extensões da mesma Alma, observam-se simultaneamente com embasado desígnio definido; viajantes multidimensionais, canalizando e deslocando-se a único, revelado Endereço Energético (denominação particular da autora), acionam a "chave" que lhes possibilita a entrada naquela realidade. Estas personalidades, então encarnadas, cada qual em sua época no tempo, no passado longínquo ou no futuro; deslocadas, assentadas momentaneamente em um ponto específico, tem em comum uma mesma lição, meritoriamente conduzidas a desvencilharem-se do *karma* repetitivo, na reparação de amor, de vida após vida. Eu, a personalidade atual, desemboco naquele passado, findar do século dezoito, na regressão espontânea agendada, retida na tentativa de compreensão daquela vida distante, influenciadora até o momento. Por meio dessa experimentação, eu necessitava compreender e solucionar, naquele ano de 1994, os reflexos do desacordo gerado anteriormente para solucionar e superar-me no meu tempo presente, refletido no futuro. Retrocedia, aprofundando-me mais nesse tempo linear, até reencontrar aquela personalidade passada, o Endereço Energético, que de lá supostamente desembocava todo o conflituoso desastre cármico. Podia sentir sua imensa solidão e desesperança com seus desafetos gerados, que hoje se manifestaram personalidades reencarnantes, na cobrança de reajuste e reparação. Mais tarde, eu soube refletirem-se estes também em vidas futuras, viventes, se a tempo não os delibera-se com sabedoria. Também entendi que as desavenças não surgiram inicialmente naquele findar do século dezoito, mas muito antes geradas, em remoto passado, ano de 1345; neste, outro habitante, outra personalidade envolvida. Eu permanecia sentada à beira do cais, na cidade do Porto, em Portugal, observando aquele homem rústico e atrapalhado no desenrolar dos eventos rotineiros da vida. Era um homem rude e solitário. Passava horas no bar, próximo à sua tendinha de verdureiro, com um cálice de vinho do porto nas mãos, desabitado e à procura de sentido para a vida vazia. Eu estava contida no incrível cenário daquele homem de vida passada. Sentia o ar marítimo sobre a face astral e o barulho das bravias ondas batendo no pontilhão que beirava o oceano. Avistava, a uma dezena de metros cima, inerte, um objeto pairando sobre o navio ali atracado ao meu alcance. A nave futurista era um tanto mais agigantada do que a antiga embarcação flutuante no mar revolto.

O assustador navio pirata, caracterizado comandante navegador e seus subalternos, eu, um deles; em vida pregressa em rebelião, foram projetados de um passado ainda mais longínquo, como que arremessados à frente no tempo, completando a liga necessária para a perfeita compreensão do todo.

A bordo da espetacular nave prateada, minha personalidade futura avistava-me Elaine, de segura altitude. Aquele OVNI era diferente, distinto de tudo que eu já havia visto. Em formatação de disco arredondado, possuía ainda estrutura côncava em formato de letra "u", um prolongamento que se estendia desde o observatório, a vidraça frontal, pela qual eu avistava seu condutor até a borda de seu perímetro circular.

Em tempo, e em muitas outras ocasiões, tive como agente de conexão multidimensional este homem, a minha própria personalidade futura que interagia, intencionado de prevenções, alterar sua existência, refletida e gerada hoje por mim. Com intento de conselheiro, avisa-me alertando por antecipação, sem, contudo, intervir em meu livre-arbítrio.

A individualidade futurista se locomove livremente no espaço-tempo negativo acessando todas as vertentes possíveis, de mundo a mundo, para frente ou para trás, sem restrições. Desenrolava à minha frente diverso croqui holográfico, de *design* espetacular, de certo meio de locomoção de alcance intergaláctico. Curiosa com o magnífico modelo real mostrado, avançada e levíssima estrutura mecânica, seu interior e exterior foram assim desvendados. Do tamanho aproximado de um veículo terrestre atual, esta nave tripulada locomove-se alforriada no espaço-tempo sem ser vista a olho nu pelos terráqueos mais materialistas, pois se apresenta protegida, como que blindada por um campo eletromagnético gerado e recoberta por especial camuflagem imperceptível que a torna quase incolor.

Não existe o passado, tampouco o futuro, pois tudo está no eterno presente para ser superado.

•••

A Alma objetivando experimentação e coleta de dados,
resguardando a livre escolha (livre-arbítrio) de sua extensão
personificada, pode atuar direcionando o Ser, de evento em evento,
previamente calculados e traçados, possibilitando e programando a
lapidação do Ser para o seu desenvolvimento – consciência do todo, e
consequentemente a levará ao rápido retorno a morada do Pai.
Quanto mapa holístico decodificado, o homem encarnado, é detectado
como expressiva simbologia na Linha do Tempo Positivo e Negativo,
que se entrelaçam e completa inevitavelmente,
visto que o corpo físico materializa toda a harmonia ou desarmonia
deste Quaternário Encarnado (termo particular da autora; "pacote", que
representa os quatro corpos inferiores e dimensionais, a personalidade
encarnada, Ego, necessitado de disciplina.
No total são sete corpos a nível planeário, o Setenário;
os três demais corpos, vibram em elevadíssimo nível, da Alma, do Santo
Ser Crístico e do "Eu Sou", o Espírito.

Para todos aqueles que
buscam desenvolver
novos circuitos cerebrais
de positivas emoções idealizadas,
libertando-se dos condicionados
e viciosos padrões negativos de ser.

Deitada na cama, subitamente surpresa, sentei-me. Com os olhos bem abertos, vi meu veículo astral projetar-se na sua respectiva dimensão, colocado a alguma distância do veículo físico. Era uma sensação espetacular de completo domínio de minhas faculdades sensoriais. Lúcida e em treinamento supervisionado, deslocada em realidades paralelas, mundos um tanto diversos, eu interagia perceptiva, simultaneamente sentindo e observando a personalidade, ora permanecia concentrada em veículo orgânico fitando o corpo astral, ora em veículo astral fixada a mulher encarnada, eu mesma, em uma vestimenta orgânica.

Da patrocinada experiência em momento posterior, no desbravar de uma anatomia orgânica e seu veículo, minha mão astral explorava o campo proposto para estudo e reconhecimento sensório. O veículo astral desdobrado em treinamento supervisionado pelo Mestre espiritual reconhecia meu corpo denso deitado sobre o sofá da sala. A mão astral treinava a Psicometria – sentido extrassensorial ou tátil mais avançado – penetrando profundamente por entre os tecidos físicos perfeitos, camadas de pele e músculos, acessando nas costas, o osso escapular direito. Com visão amplificada, como lente de aumento e com os sentidos astrais um pouco mais desenvolvidos, eu observava atenta a perfeita anatomia humana com inimaginável nitidez; branco e úmido tecido ósseo e sua morna energia fluindo por meio de uma estrutura orgânica tangível. Uma reconfortante calmaria e intenso silêncio interior eram ouvidos como se o tempo parasse.

Surpreendente descoberta foi proporcionada quando o veículo astral, tempos depois, ainda em constante aprendizado, pousava sua mão sobre o peito aberto, sentindo delicadamente o coração físico, seu pulsar compassado e reconfortante calor da perfeita estrutura, protegida em sua cavidade, encaixado e amparado. Tal qual a mais bela flor, o coração emanava seu perfume único, fazendo sua essência ser reconhecida em todo o Universo. Emocionada por incomparável experimentação, meses se passaram com a intensa alegria daquele momento, da graça recebida, de sua beleza e da perfeição Divina materializada aqui na Terra. Buscando na memória, ainda ressoa o diapasão de uma nota tônica única, vinda do coração, mais belo som.

• • •

A Mônada ou Eu Real,
também sinônimo de Espírito ou
Presença do "Eu Sou",
é o pai que está no céu e, desta maneira,
manifestar-se-á no plano físico, assim que a personalidade
aceite esta magnífica realidade.
O "Eu Sou" possui aspecto trino manifestado
pela centelha divina: o Pai, Vontade ou Poder de Deus,
representado pela Chama Azul;
o Filho, Sabedoria e Iluminação, representada pela Chama Dourada;
o Espírito Santo, Inteligência Ativa, Amor Incondicional,
representado pela Chama Rosa.
A Alma, Eu Superior ou Mente Superconsciente,
possui aspecto da Vontade espiritual,
intuição, relacionada ao Corpo Causal – Amor / Sabedoria,
Princípio Crístico – e atua com a Mente Superior;
Conecta-se diretamente com o hemisfério cerebral direito,
refletindo sua vibração no olho esquerdo, íris codificada do homem
(Holografia Irídea).

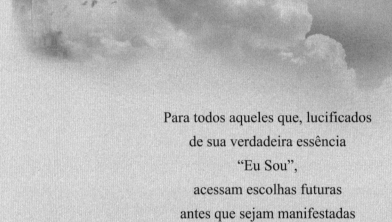

Para todos aqueles que, lucificados
de sua verdadeira essência
"Eu Sou",
acessam escolhas futuras
antes que sejam manifestadas
no presente.

Sonhos
e
Dias Lúcidos Premonitórios

A jangada flutuava segura, não muito longe da praia. Ameaçadora reviravolta fez o tempo mudar e as verdes águas, antes calmas, tornaram-se tormenta, jogando seus passageiros ao mar. O jangadeiro, apressado, colocou-se em segurança, inerte de seu compromisso assumido com a família embarcada. A menina afundava rapidamente, e o menino, lutando por mais tempo, era alçado pela mãe ao apoio do pai. Mergulha a mulher afobada, lembrando que não sabe nadar, agarrando a criança desacordada e colocando-a a salvo no braço de seu par, já mais próximo da embarcação. Cansada, a mulher não consegue vencer e afunda no oceano.

Anos mais tarde, férias oportunizadas levaram esta família, no plano tridimensional, para o mesmo local, aquele do meu sonho tão lúcido, aviso, recado da Alma. O jangadeiro aparece de súbito, oferecendo o belo passeio, sem riscos, comenta.

Agora, nesta realidade tangível, escolha oportunizada, eu afasto precavida, do acontecido no tempo o futuro visualizado, afinal são ondas de possibilidades, escolha colapsada para a sequência da vida com minha amada família.

Diz a astrologia Védica que poucas pessoas vivem para contar o que o seu mapa de calamidades, já determinado para essa existência, revela; Destino e Missão para a Numerologia Cabalística, que podem também ser acessados por meio dos mapas decodificados no corpo tridimensional, ali impressos, principalmente das Íris Holográficas (técnica particular da autora e terapeuta). Aqui, o desafio e o dever são o de autoconhecimento, interiorizar e reconhecer a tempo, promovendo com lucidez e percepção os planos dimensionais atuantes, escolhas que cabem a cada um, a serem arranjadas sabiamente; assunto esse, para futura obra literária.

•••

Eu avançava já bem próximo ao balcão da padaria de um grande mercado, mirando a atendente impaciente e mal-humorada que servia a grande fila. Seu psiquismo emanado, alterado, contaminava as pessoas que aguardavam a vez; porém, não exatamente esse fato me chamava a atenção. Impactante foi a lembrança que tive do sonho premonitório, há algumas semanas passadas, e imediatamente fui remetida no espaço-tempo quando reconheci o seu rosto bravo. Sabia que esta moça não passaria o natal com suas quatro crianças e o indiferente companheiro. A vida, escolha que fez, era muito penosa e sem amor, isso transformava seu mundo em um lugar ainda mais difícil de estar.

Perguntava aflita aos Mestres da Luz como deveria proceder. Aprendi, tempos atrás, que toda vez que algum destes fatos me era desvendado, com tanta clareza de detalhes, meu destino nesta vida a superar, que através de muito trabalho amoroso em favor desta criatura envolvida já estava sendo realizado, pois que são possibilidades futuras, dentre tantas outras a livre escolha (livre-arbítrio; até certo ponto). Como das outras vezes, eu não deveria querer sair correndo na tentativa de mudar o destino autoimposto e o precioso aprendizado fadado às personalidades ao meu redor. Infelizmente, mais tarde, assisti pela televisão o acidente terrível de atropelamento. O velho caminhão, com seu motorista exausto e alterado emocionalmente, seguiam aos trancos pela estrada mal conservada quando o seu destino e o daquela moça materializaram-se, inevitavelmente.

Semanas mais tarde, voltando ao mesmo local de compras acompanhada de meus dois filhos pequenos e de meu marido, eu pude sentir a fúria desse espírito desencarnado que ainda permanecia ligado ao plano tridimensional. Adentrando ao mercado, eu podia sentir o peso da energia local; tentava me recompor, concentrada na proteção da família. A teimosa e desesperada mulher, condicionada à leitura negativa de mundo, vitimista e de sofrida vivência escolhida, não podia perceber sua real natureza; negava o seu desligamento dessa realidade física, confundindo-se em seu veículo astral. O compromisso com a jornada da vida, com a manutenção da casa e com o sustento dos filhos, e também da falta de apoio, recordava, fortaleciam sua insatisfação e desesperança, nublando a vida e seu mundo interno. O reconhecimento do tempo perdido a revoltava profundamente em sua condição desencarnada. Aplicando toda sua descompensada vibração, teria de culpar outros, por meio de minha família, impondo-me revoltada atitude. Aqui minha única missão era de encaminhar a irmã desencarnada ao local dimensional de reparação de seus veículos sutis e de desenvolvimento espiritual. Dali foi conduzida, tempos mais tarde, teimosa, ao recolhimento e à compreensão dos planos espirituais existentes.

O carrinho de supermercado que acomodava os dois pequenos, em cambalhota tombou, levando as crianças ao chão. Sua face etérea bem próxima à minha apontava revoltada o dedo ameaçador, acusatória, em sua confusa conclusão de não tê-la antecipado do seu desencarne, somado a sua raiva incontida, descontou castigando-me, mãe apreensiva, com o fenômeno espiritual ocorrido.

Grande aprendizado esse evento produziu em minhas futuras vivências.

•••

Para todos aqueles que desejam uma
correta Relação com a
grande Família Solar, nossa verdadeira origem,
por meio do relacionamento correto com os
os Povos da Mãe-Terra.

Na distante realidade, eu visualizava um mundo de transeuntes potencialmente ofuscados. Forte ameaça e sensação de confronto oprimia meu coração. Delimitando o amplo horizonte na fronteiriça realidade terrestre um portão gradeado, oportunamente fechado, separava os mundos, além de uma imensa escadaria projetada ao céu. Eu estranhava a construção de seguro corrimão, suspensa no ar; luminosos e brancos degraus projetavam-se para o alto. Prosseguia em escalada, pé direito e esquerdo para cada degrau, em um único espaço calculado. Eu olhava, assustada, para baixo, ainda não acreditando como havia subido a tão elevada altura. Nova realidade de imensa amplitude vislumbrava à frente, como um convite a participar desse mundo, pequeno grupos de convidados alojados ali, sintonizados energeticamente entre si, confraternizavam acomodados em círculo; aninhavam-se satisfeitos em produtiva e espiritual conversação. Cada participante plasmava um alimento, saboreado em comunhão e em perfeita paz. Eu achava que deveria descer imediatamente, porém, uma voz me dizia que não necessitava voltar, dizia que eu desfrutasse, que aquele era o meu lugar.

Nova realidade abre-se noutro subplano astral. Acomodada em reservada sala, acuada com a ameaçadora energia externa que tentava infiltrar-se, eu acompanhava, quieta, a providencial proteção de tão importante tratamento do nobre Xamã, elevado Mestre, guerreiro; três penas vermelhas à esquerda de sua cabeça, um velho conhecido. Ainda posso ouvir seu cântico de proteção e cura, um mantra ritmado de alta vibração, e o chocalhar vibrante sobre meus ombros astrais. Uma tinta fria, espessa e branca pintura cobria minhas costas e face. De um insistente pedido, um pequeno espelho seguro nas mãos, visualizando meu rosto, surpresa: bela face indígena e juvenil olhava-me espelhada. Negro vestido de miúdas flores vermelhas e delicados ramos brancos, trançada pulseira e tornozeleira amarrada, com mantra entoado envolviam. Na urgência do deslocamento, eu prosseguia em caminhada, acompanhada por um alguém protetor, por esta realidade outrora ameaçadora, agora respeitosa saudação de todos, me abriam caminho, permitido novo deslocamento no espaço-tempo.

Naquela manhã de 2007, do dia sete de setembro (7/7/2007), desperto na realidade tridimensional ainda detida no sonho. Eu recordava o quebra-cabeça daquela projeção astral. Atrasada no percurso para a vidraçaria, envolvida com meus projetos de reforma, escapei ilesa de grave acidente automobilístico. O pesado e espesso vidro que deveria carregar no banco do passageiro, por obra de proteção Divina, não foi colocado lá, porque me atrasei no tempo; foi assim desviado de meu corpo orgânico, não podendo mais rasgar e penetrar minhas costas após tão violenta colisão com outro veículo, atingiria certeira, se assim fosse, minha face projetada. O jovem motorista, imaturo, ocupado ao aparelho celular, na sinuosa curva, também circulava na mesma avenida deserta. Seu carro na contramão perdia-se em alta velocidade, chocando-se inevitavelmente. Mais tarde, cercado por familiares socorristas, acabou por ser isentado de suas responsabilidades; preocupavam-se, agressivos, apenas com seus bens materiais, nem sequer cogitaram o valor de vidas que poderiam ser perdidas.

A Alma atenta adverte antecipadamente a personalidade, providencia sonhos simbólicos e premonitórios para que a personalidade avisada se desvencilhe das possibilidades programadas.

O simbólico vestido, como negro veludo, não se refere e não pode ser confundido com a ausência da Luz, mas ao espaço que contém a Luz. É raio que absorve e segura, é vivo; possui atividade conservadora, interioriza a luz e supervisiona a forma, afastando energias indesejadas.

• • •

Eu andava pelas ruas que já reconhecia e seus típicos endereços frequentados daquela cidade interiorana, como se ali estivesse repetidas vezes e ali vivesse por muito tempo. Anos antes, eu já era preparada para a mudança que se realizaria e, para tanto, deveria me libertar de alguns compromissos previamente aceitos e meritoriamente prosseguir para mais uma nova etapa evolucionária. Para meu espanto, algumas pessoas que contatei muitos anos depois, já diziam ter me visto em algum momento, descrevendo minhas vestes e particularidades. A casa que nos instalamos, os vizinhos diziam ser assombrada por aparições de uma mulher, desde o início de sua construção. Os dois pedreiros, certa vez, ouvindo um barulho, imediatamente voltaram-se para trás e viram a mulher toda de branco, pés descalços, atravessar um caminho improvisado na obra inacabada. Naquele dia, naturalmente, por ali eu circulava; olhei para os homens, em desdobramento astral, estranhando suas reações assustadas; um deles afirmou nunca retornar à tarefa assumida. Quase materializada, visitava toda cercania, me habituando com a mudança requerida e nesses momentos, sem prever a possível visão dos outros, naturalmente me locomovia. Nesta cidade morei durante quatro anos. Percorri muitos caminhos de aprendizado e segui desenvolvendo a espiritualidade, a consciência do "Eu Sou" e sua ligação com os sentidos sutis dimensionais.

• • •

O homem físico se encontra envolto
em um mar de luz eletrônica que
flui dentro e fora da emanação de vida;
emana de sua aura o acelerado e poderoso
movimento de atração e repulsão dos elétrons.
Faz de cada emanação de vida uma
bateria de força centrípeta (esforço dirigido para o ponto central),
sua eletricidade emanante e, centrifuga (irradiando do ponto central)
o magnetismo emanado.
Os elétrons repelidos pela emanação de vida
representam a sua responsabilidade
perante o Universo, circulação magnética,
o que este emana por meio do pensamento e da emoção
produtiva e compromissada –, enquanto os
atraídos à sua órbita individual representam
as experiências de sua vida, seu ambiente
e seu mundo – circulação elétrica vital.

A grande cozinha, com setorizado espaço elevado, reservava o fogão à lenha, ladeada por grandes bancadas planejadas e uma imensa copa, tudo acomodado dentro de uma casa perfeita e ampla de dois pisos. No coração, sempre a necessidade de renovação, de personalizar com luz, com as cores exatas, os cômodos, os largos corredores e seus mezaninos amparados por belos e rebuscados corrimãos em suas escadarias. Minha casa? Sim, a possibilidade já reconhecida e aceita de tudo novo, organizado e merecido. A companhia e o apoio das pessoas amadas, do marido e dos filhos já adultos; filhos que, ao meu olhar, inesperadamente voltaram à infância alegre e descomprometida naquele momento de novas coisas inseridas, voltando no tempo passado, processo mental. Olho-me e me vejo jovem, ocupada no desvendar dos espaços cedidos e nos cuidados com as duas crianças tão amadas.

Uma "máquina" inerte me observa, posicionada logo mais à frente, acomodada entre caixas da mudança e pesados móveis que se aglomeram. Atenta e surpresa, me movimento, seguida pelo objeto que, agora, ameaçador, se ergue, deslizando, na ausência de pés, aos trancos, sobre sua plataforma fixa, debatendo-se e abrindo passagem para me alcançar. Semelhante, porém, somente em força, o poderoso robô se sobrepõe ao Ser; o Homem que, na sua aparente fragilidade perecível, pode ser, entretanto, mais ágil e perspicaz utilizando recursos da Alma. A correria imediata leva todos a um portão em arco, alto, de grades fortes, que delimita a casa e a rua vazia. Momentaneamente, a barreira serve de obstáculo ao perseguidor de alguns metros de altura, metálico, branco e azul royal, espetacular; avança robusto em sua trajetória. Corremos os quatro, minha família coesa, unida fraternalmente; algumas vezes, alguém perigosamente fica para trás, retornando providencialmente ao grupo fugitivo. Tomamos a escuridão, para trás fica a completa devastação, o romper barreiras. Atravessamos pontes e caminhos estreitos, florestas trevosas visualizando ao longe dois seres mergulhando na lama, inconscientes ou resignados de sua condição autoimposta. A casa, encontrada no caminho, nos esconde momentaneamente da ameaça que parece não ter fim. Desesperança?! Talvez. Olho para baixo e me percebo com vestes imaculadamente brancas e delicadas, pernas fortes à mostra, calçando tênis cor de rosa; penso como passamos ilesos por toda esta lama.

Este é mais um daqueles "sonhos" que a Alma coroa a personalidade encarnada, com sua linguagem simbólica contendo valiosos recados que, de outra maneira, o cérebro físico não compreenderia, nem realizaria corretas associações, atrasando o seu aprendizado no plano tridimensional. Essas associações, embora complexas, outras vezes sem nexo, parecendo um quebra-cabeça, podem prevenir a personalidade dos perigos do caminho, ou de imperfeições internas manifestadas no subconsciente – os porões da Alma, tendendo à personalidade desviar-se para o aprendizado e escolhas previamente calculadas, já traçadas pela Alma, em comunhão com o quaternário encarnado.

Existe urgência no reconhecimento dos recursos internos, das ferramentas e potencialidades inerentes que trouxemos para cada existência tridimensional; também do que deixando de realizar, plasma-se hoje nesta realidade, no Subconsciente – Elemental do corpo, para reparação e lucidez. Isso leva o Ser, por exemplo, no plano astral, com seu respectivo veículo emocional, a "sonhar", quero dizer, desdobrar-se em "Viagem Astral" para experimentar eventos, até cármicos, em outro plano dimensional; a personalidade tridimensional pode, na realidade física, sentir ou ver claramente suas escolhas e o que vêm fazendo a esse respeito, sua ligação com o Espírito e seu ancoramento planetário. Outras vezes, intui, aqui mesmo, neste plano paralelo, utilizando mais os super-sentidos ou a percepção extrassensorial em desenvolvimento, do que os sentidos orgânicos. Os cinco sentidos podem confundir a personalidade levando à ilusão no caminho a ser vivenciado pelo ego iludido. Também na meditação e na oração, encontro com a Alma, este reconhecimento deve sentido e potencializado. Na oração, agradecemos e perguntamos aonde chegar e como ir até lá, porque ir e o que fazer lá, na meditação, silenciamos e ouvimos as respostas sobre aquilo que focalizamos na vida – respostas da Alma.

Sempre "brinco", em consultório, com meus assistidos, pois amo todos eles, que todos nós somos cientistas extraterrestres e que aterrissamos no solo terráqueo para experimentação e coleta de dados e, para tanto, devemos desbravar o planeta saboreando oportunos eventos. Assim, trazemos providencialmente uma maleta com as ferramentas adequadas para as tais experiências propostas, mesmo que aparentemente difíceis ou dolorosas de lidar. Ora, se a proposta é essa, porque muitas vezes nos sentimos desmotivados ou vítimas do mundo e dos acontecimentos? O foco aqui é muito importante. Lembre-se sempre que onde você coloca seu pensamento e emoção lá você está e que a emoção é o fermento para a materialização deste pensamento harmônico ou desajustado, construindo cada realidade multidimensional.

Também temos de recordar e fazer valer nossos recursos, principalmente, ter a certeza de que não estamos sós nestas experiências desbravadoras. Podemos, a qualquer momento de incerteza ou total falta de conhecimento, acionar o sistema de comunicação com a nave mãe, o "EU SOU", e pedir através do Santo Ser-Crístico, nosso rádio comunicador e intercessor, o recurso, a provisão necessária para esta incumbência exploradora.

Nosso cérebro constrói a imagem de um mundo externo, cenário projetado; ele constrói mentalmente situações ou objetos, possibilidades colapsadas, os atrai e materializa com o fermento produtivo da emoção; ação esta que pode ser lenta ou extremamente rápida e eficaz, dependendo da crença do indivíduo em alcançar seu propósito (magnetismo – poder pessoal inerente a todo homem) e dependendo do que inevitavelmente terá de passar para o aprendizado. Nós mesmos, como deuses criadores, construímos e definimos o espaço-tempo por meio de uma escolha ou focalização, até por viciosa repetição de padrões doentios, muitas vezes hereditários, guiados apenas por um determinado ângulo de ação e entendimento. Somos seres de natureza setenária – densidade de matéria, com sétupla divisão consciencial ou de esferas de consciência ou sete dimensões da realidade no mundo manifestado; reconhecidos dentro das doze dimensões espaço-tempo, tanto na vida quanto na forma; vibramos em frequências partônicas ("Parton é a primeira forma estável do macrocosmo) de sete tempos.

O criador, o Grande Sol Central, pulsa além. Somos seres essencialmente holográficos, porém, aparentemente materializados neste plano de existência por meio da energia dos elementais – construtores das formas, que captam a substância planetária, para essa elaboração. Caracterizamo-nos, por meio de condicionamento pré-determinado, genótipo e fenótipo.

• • •

Para todos aqueles que caminham
Na Verdadeira Visão
E possuem forte domínio sobre
Seu destino

Por meio dos eventos previamente delineados, a Alma, em cada nova existência projetada, direciona a personalidade, carente da lapidação do Ego, na superação das dificuldades e dos bloqueios gerados; pendentes padrões de vidas passadas carecem nesta atual existência serem liberados. A isso chamamos Destino.

A Missão denota o que a atual personalidade, nova veste tridimensional do "Eu Sou", munida de espetaculares recursos particulares que, potencializados pelos Mestres e acessadas ferramentas da Luz, intenciona realizar na programada vida manifestada.

No final daquela manhã, peito oprimido, angustiada me despedia dos filhos e do marido, preocupado. Fitava a filha, então adolescente, e me conscientizava do tanto trabalho amoroso ainda por realizar; meu compromisso. Eu partia para uma decisiva e reveladora aventura de compreensão material/espiritual, hoje sei.

Quanto mais os veículos percorriam a estrada irregular, estreitada pelo barro acumulado morro abaixo, mais fortes sensações tomavam o grupo pesquisador. Um olhar avaliador nos perseguia por meio do caminho seguido, como se escaneasse nossas mentes em reconhecimento. Sinalizada a autorização, aceitos para a tarefa concretizar, respeitosos, prosseguimos. Ouviram alguns, de relatos anteriores contados por outros, que os carros naquele trajeto da estrada paravam antes de a ponte cruzar; seus motores "morriam" abruptamente, impedindo o adentrar por aqueles caminhos da floresta.

A noite desceu rapidamente quando os amigos em comunhão finalmente acomodaram-se, em oração, na cabana emprestada. Manhã de sol, todos reunidos para a aventura programada. Iniciávamos, entusiasmados, a caminhada montanha acima, com o grande grupo de amigos espiritualistas. Paralisei reconhecendo, logo na saída, o exato cenário do sonho premonitório. O que fazer? Já estava ali mesmo! Deveria prosseguir com fé, e assim foi, agora percebo, optei pela vida.

Eu recordava dos preparativos instrutivos que os Mestres amparadores, previamente intuíram há meses; e eu não poderia desperdiçar a vida, suas lições e os preciosos ensinamentos. Os irmãos dos Mantos Dourados, irmãos de elevadíssima estatura espiritual, trabalhadores, missionários da luz, e o Mestre Ramatis providencialmente pediam ao grupo selecionado exclusivamente união fraternal compreensiva, alimentação prânica (isenta de energia animal, principalmente) e jejum oportuno mais próximo do evento agendado; e pensamentos elevados e transmutação constante, no mínimo durante quarenta dias antes, neutralizando quaisquer desarmonias geradas, com belas mentalizações concentradas de amor e paz. A depuração dos veículos mais densificados e a harmonização dos corpos, astral e mental, necessitavam, para a futura empreitada, de vibrações canalizadas do "Eu Sou".

Atravessamos o bananal contemplando a paisagem, as casinhas dos moradores, seus bichos de criação e suas coloridas hortas. Límpida e refrescante corredeira abria o caminho; primeira etapa vencida. Embrenhamo-nos pela trilha facilitada e aberta por tantas andanças do povo local, subimos a montanha de altas e belas árvores exóticas. Tínhamos esperança de lá do alto, de uma clareira, vislumbrar o vasto vale espetacular. O mato cheiroso enchia meu peito de puríssimo prana, fortalecendo-me cada vez mais. Segui à frente do grupo por boa parte do tempo, eu, a guia voluntária e um amigo apressado, de longas pernas. Silenciosamente eu escalava, concentrada em meus mantras. A trilha foi se perdendo, pois o jovem guia deixado no lugar de sua mãe experiente havia sumido repentinamente. Uma boa parte dos participantes, levando água, lanternas e provisões, continuou subindo apressadamente, pois o final da tarde já se aproximava; a outra metade dos amigos, mais lenta e cansada, teve dificuldades e foi ficando para trás. As belas bromélias e mudas de orquídeas que havia colhido no percurso foram depositadas ao solo, em segurança; eu pedia, envergonhada, desculpas à mãe-natureza pela agressão cometida; da mata, daquela vegetação exuberante, não deveríamos sequer retirar uma folha; tudo deve permanecer em paz e harmonia, porque concebe a perfeição de Deus, conscientizei-me. O bom humor tomava conta de mim; depois de muitos escorregões no chão úmido, boas risadas, agarrando-me aos cipós no caminho, motivada por alegre amigo e amparada por outros, segui com meus tênis embarrados que, escorregadiços, tornaram-se inadequados para a aventura proposta. Esperançosos da chegada, seguros, avançávamos, subindo e descendo, agora a mata virgem, sem noção do percurso de volta na madrugada adentro. Nenhum animal desta fértil mata atlântica nos ameaçou, tampouco cruzou nosso caminho; nem mesmo as grandes aranhas e cobras jararacas, típicas da região, apareceram naquela noite quente. Os Elementais da natureza brilhavam, pipocando entre as árvores na escuridão da floresta. Mais tarde, ficamos sabendo que boa parte daquele pessoal, para o retiro espiritual, chegando seguros, porém cansados e assustados, alguns histéricos da ameaça que enfrentaram, instalaram-se na casa, seguros; nós, a outra metade, permaneceu perdida, ouvindo e percebendo a integração deste plano tridimensional com outros influenciadores. Só agora a guia, companheira da manhã, percebendo o que havia ocorrido, seguida por seu nervoso marido, é advertida por um dos antecipados companheiros, o único disposto a correr riscos, apareceram nos socorrendo. Eram orientados pelos gritos de sinalização que à distância ecoavam, chegando até onde estávamos reunidos.

Mirava intrigada a luz azul acima de nós e comentava com a mulher moradora, que confirmava a presença repetida de "veículos" silenciosos que sobrevoavam o trajeto localizado. A senhora, repreendida pelo marido medroso e desconfiado de expor-se, indignada, calou-se, porém, cochichou ao meu ouvido que "aqueles" iluminavam a noite escura há muito tempo, reconhecidos pelo povo da região. Avisou-nos, a mulher cansada, que estávamos em uma região de grande altitude, floresta virgem escalada com cautela, e somente em parte, apenas durante o dia. O despenhadeiro deveria ser lentamente contornado para chegarmos seguros; único caminho, não havia outra passagem possível. O grupo retardatário, harmonioso e fraterno, se fortificava cada vez mais; fomos conduzidos ao longo do alto, perigoso e estreito precipício, pelo disposto e corajoso amigo que guiou-nos um a um a salvo, pela sinuosa e estreitada via provável. Éramos observados e protegidos, tenho certeza. Em certo momento, no precipício, via o amigo escorregar fatalmente, em um segundo, sobre as pedras e morrer. Em uma reação imediata, alcei seu braço puxando-o em segurança e, hoje recordo, admirando a todos, não sei como isso foi possível, pois era um homem grande e pesado. Ele relatava ter sido empurrado por uma força invisível. Eu podia ver de longe, agora agarrada e segura ao tronco de uma árvore, lá no outro extremo do escarpado caminho barrento, o pessoal em travessia. A bela visão enchia meus olhos de lágrimas em agradecimento; os esguios e altos seres azuis como cristal de plasma, silhueta luminescentes, juntos amparadores, protetores contornando aquele lajeado. Foi ali que, na minha projeção do futuro, década atrás, pude ver meu corpo morto despencado do alto, estirado ao chão; depois, em veículo astral, eu vagava pela floresta a procura de ajuda. Admirada, lembrei-me das pessoas ao meu redor e agora reconhecia todo o trabalho a fazer. O atraso providencial me deteve em união com pessoas espiritualizadas, que mutuamente se ajudaram. O contato com os superiores planos dimensionais proporcionou-me, por meio da experiência vivenciada, muita determinação e fortificou-me em minha fé, entendimento para futuras tarefas propostas ao longo da vida.

Conduzidos ao vilarejo e de lá para a cabana, chegamos todos seguros. Mais tarde, madrugada quase findada, banho tomado, alimento providenciado, o pequeno grupo guerreiro reunido orava, agradecido por todas as bênçãos recebidas. Acomodados ao redor da grande mesa rústica, o contato se fez. Sentíamos o imenso veículo sobre a casa; não produzia sequer um som, apenas uma pulsação sutil, como se formassem codificados anéis de frequências vibracionais de comunicação. Imediatamente, os sensitivos telepaticamente captaram mensagens extraterrestres proferidas, outros enxergaram os irmãos extraterrestres em hoste reunidos junto à confraria concentrada; cada qual de uma procedência, de uma etnia distinta, eu também pude presenciar; a grande família humana.

Desdobrei-me em veículo astral e quando dei por mim já havia sido conduzida à imensidão da montanha oca. Do lado de fora, ao pé do morro, à frente de disfarçada entrada, propositadamente de impraticável ingresso do plano físico, fui deslocada para a estrutura espetacular, no interior da secreta base operacional. Acompanhada de um atencioso irmão, da hoste, eu aguardava a chegada de tão nobre Ser. O fardado e alto comandante, olhar sereno, nórdico, honrava-me com suas explicações no *tour* ao longo de seus onze gigantescos andares. Do mezanino central, a profundidade e a grandeza do veículo ali acomodado dentro da disfarçada montanha eram surpreendentes. Cada uma das plataformas especializava-se, distinta das demais, como um centro de avançadíssima pesquisa e exercício. Naquele mesmo andar, o homem mostrava-me as sondas esféricas, estruturas para aferição, monitoramento e vigília, de coleta de dados. De perfeita e branca pintura plasmática, medindo aproximadamente de dois a dois metros e meio, não tripuladas e movidas a controle à distância, estavam lado a lado, estacionadas ao longo do espantoso hangar daquele mezanino, bem no topo. Cada andar era cercado por parapeito que, gradeado impecavelmente branco, balizava seus largos corredores internos, também brancos, a perder de vista.

Pedia-me, o irmão da Luz, concentrada e diária tarefa específica que moveria minha existência imediata, se assim adotasse em dedicação, reforma íntima e compromisso assumido, envolvendo amorosamente a Mãe-Terra. Instruía-me sobre as naves-mãe acomodadas à Terra, sua localização planetária, e que só poderiam ser vistas pela grande massa humana no momento exato a desvendar. Já de volta com o grupo companheiro, uma gargantilha de espetacular cristal (com frequência e simbologia específica) era inserida na Matriz Etérica, ofertada a cada um daqueles reunidos em oração e também aos demais, sem ideais e em desunião que permaneciam dormindo. Retornamos ao lar após breve descanso, modificados de nossas realidades, com a mente aberta de possibilidades e de missões particulares a cumprir.

O atarracado ser biológico de grandes olhos vermelhos, postura ereta e e baixa estatura, espreitando foi visto, em sua investida, por alguns daquela aliança, ao longo de todo o caminho, matagal adentro, dia ou noite. Ao escurecer, mais facilmente percebíamos sua presença e seu olhar chamejante lançado sobre nós, anulando toda e qualquer possibilidade de ser algum animal terráqueo conhecido.

Recordo que, em nossa primeira noite, na afastada habitação, eu podia tocar as realidades dimensionais interpenetradas e influentes. A meditação individual fazia-me desvendar muitas formas astrais que perambulavam pela floresta dimensional, também física, repleta de chocantes experimentos plasmados que vagavam sinistras entre as pessoas que dormiam na sala da lareira, como se ali fosse uma extensão da grande floresta. Em nosso socorro estavam os etéreos seres de Luz azul, espiando e circundando, resguardando a velha cabana e seus ocupantes; hoje entendo a verdadeira ameaça a que todos nós fomos expostos. Experiências genéticas, produzidas em tempos passados, plasmavam configuração, até materializadas, metade gente, metade bichos, retratadas em chocantes desenhos, visíveis, encravados na madeira maciça da ampla mesa daquele antigo refeitório. Um persistente chamado fazia alguns de nós, logo que imediatamente intuídos de futura missão a cumprir, desejar retornar ao local para resgate de toda a maldita papelada que, definitivamente, deveria ser arruinada; danosa precipitação. Por muito tempo, fiquei atordoada com aquele insistente pedido que eu não alcançava cumprir, depois entendi que a tarefa requerida não partira de uma petição dos Mestres da Luz, hoste Pleidiana, principalmente, mas sim daqueles ameaçadores seres extraterrestres. De premonitória visão passada, presenciei todo o cenário antecipadamente, espiando para frente, dez anos, na linha do tempo, arremessada infiltrei-me, acompanhando todo confronto travado com o ser guardião que ali encontraríamos fatalmente. Parte daquele grupo, de valente pessoal, se reuniria em comunhão com propósito bem definido, ficariam protetores e em guarda, nos amparando na saída daquela base subterrânea, prontificados ao auxílio de todo tipo. A escada rústica confeccionada, de cordas, com apoiados degraus de madeira, da caverna para dentro seria arremessada, barranco abaixo, no exato momento da fuga programada. Três militantes apenas teriam permissão de adentrar na fenda aberta. O labirinto de estreitas passagens dificultava a chegada que conduziria à agigantada câmara central para tal aventura de resgate. Com as mãos, apressada, eu escavava o solo arenoso, encontrando, enfim, o metálico compartimento brilhante esperado. Em uma das extremidades, achatada, da estranha cápsula pontiaguda, vedada por fecho codificado, sinalizado por pulsante luz rubi, arquivava em seu conteúdo a papelada enrolada recheada das formas biológicas experimentadas. Bastou sua abertura para atrair a presença do assustador e potente Ser em batalha travar. Amedrontada, segui na companhia dos amigos protetores; deveríamos retornar à saída da toca imediatamente. Podíamos sentir a aproximação da criatura que se adiantava na perseguição ameaçadora. A dificuldade do acesso estreitado atrasaria a chegada dos três amigos em união. Bem vedados e encapsulados estava, enterrados na câmara central daquela retirada caverna profunda, de difícil acesso o compartimento que continha toda a relação mencionada. Ali, um confronto real aconteceria com aquele ser assustador se aceitássemos o pedido insistente. Vi todos os detalhes ameaçadores e as perdas contabilizadas se o grupo aceitasse mais este desafio. A Luz dos Mestres das hostes de orientadores, esta sim é protetora. Somente nos é pedido para desenvolvermos o amor incondicional.

Este ocorrido foi em meados de junho, do ano de 2004.

• • •

Neste ano, início de 2013, em um sábado, próximo ao meio dia, vimos no céu curitibano, eu e meu marido, um grupo grande de sondas esféricas (não tripuladas), em formação, visíveis e físicas percorrendo em altitude, agrupadas e o sentido do bairro, Centro/ Champagnat, próximo a Praça 29 de Março. Não tinha, infelizmente, naquele momento, em mãos, equipamento de filmagem ou fotográfico para comprovação material do ocorrido.

O grupo de quatro jovens híbridos, reservado e um tanto medroso do desconhecido, observava o andamento e o atendimento em meu consultório. Vieram acompanhando a assistida, vistos em seu veículos, corpo astral e plano dimensional mais sutis, e permaneceram sob supervisão, orientados por seu Mestre, um ser mais maduro, aparentemente. Espreitavam, esgueirando em um mesclado de timidez e estranheza do todo, até que foram vistos de súbito pela assistida. Seu superior hierárquico adentrou pela porta principal da antessala de tratamento, transpassando-a sem cerimônia, colocando-se a minha frente. O homem, também híbrido, de pequena estatura, porém mais cinzento, vestia túnica também acinzentada, estruturada como as vestes indianas, por cima de largas calças. Seus pupilos adotavam túnicas coloridas e também, mesmo jovens, já haviam atingido sua estatura máxima, cerca de um metro e vinte centímetros, ou talvez um metro e trinta de altura. O rosto destes híbridos é muito semelhante ao humano, excetuando suas aurículas desmedidas que chamavam a atenção, inevitavelmente; sua pele aproxima-se em textura e coloração humana, porém com suave matiz nebulosa. hPedi aos Mestres da Luz que me orientassem, impedindo suas presenças.

A constatação é sobremaneira revoltante, da manipulação a que a humanidade está exposta; negada pela maioria materialista. Este é o real fato, nossa condição, da existência de inúmeras gerações de hibridização no planeta Terra, como se ainda pudéssemos enterrar, encobrir a cabeça, como faz um avestruz. Eles também estagiam pesquisadores, interessados nas frequências emanadas e nas emoções terráqueas projetadas no ambiente holográfico ou retidas nas auras coloridas.

Os orelhudos, raça extraterrestre humanoide, interatuam pessoalmente e muito seguidamente com os humanos há algum tempo. Biologicamente, realizam cruzamento entre as duas raças humanoides, as mulheres terráqueas e, atualmente, seus representantes concebidos, híbridos das diversas gerações viventes. A miscigenação se dá com o cruzamento físico, por ato sexual, daqueles abduzidos (inconscientes).

Oriundos de duas raças humanoides distintas gera-se um Ser híbrido, com característica de DNA destas; também concebidos por inseminação artificial; não neste caso citado nem em outros conhecidos por mim. Mestiços Humanos/Orelhanos assim se manifestam, presentemente mais frequentemente cruzando com fêmeas humanas, com certo propósito. Seguramente já ultrapassaram certa fase experimental e presentemente atingiram especializada etapa mais avançada, com mulheres mais espiritualizadas, desenvolvidas e com domínio dos sentidos perceptíveis, atuantes livremente e conscientemente, dos domínios de seus sentidos, já mais desenvolvidos, nos mundos dimensionais. Mesmo assim certas de vivenciarem, em cenários holográficos inseridos, por hipnose, suas vidas normalmente, e de nada disso lembrarem posteriormente, excetuando uma ínfima parte delas. Estes humanoides apresentam estatura máxima de um metro e quarenta, mas na maioria possuem um metro e vinte centímetros de altura; encorpados, diferentemente descritos das outras raças alienígenas delgadas. Eles possuem pele cinzenta, com pequenas manchas em preto, bem localizadas, projeção da face para frente e orelhas bem longas, ultrapassando a cabeça dois terço para cima; orelhas altivas como de gárgula, reproduzido nas igrejas europeias. Principalmente, atraem os terráqueos em desdobramento, na dimensão astral; aqueles que ainda possuem veículo biológico, e que projetados na realidade tridimensional são as maiores vítimas de experimentação genética. Os híbridos, dessas variadas gerações, ocupam-se de profundas pesquisas da observação humana, de sua vida cotidiana, da disposição emocional, da concepção e da geração de crianças híbridas, humanas e orelhanas.

A mulher mantida sob hipnose acredita manter relação com seu costumeiro parceiro sexual e assim concebe uma criança híbrida, que com desenvolvimento acelerado, três meses e meio aproximadamente, é retirada do útero materno, acabando seu desenvolvimento junto àquela raça alienígena. A mulher em questão até "sonha" e tem as dores do parto abreviado; apresentou colostro nos seios maternos inchados. É contado que, com pedido insistente, a mãe é levada, contatada, até a criança ou jovem já desenvolvido, estranha o acelerado crescimento do feto em poucos meses. Não me parece que o contato materno com esse híbrido gerado é produtivo, pois a mãe não o reconhece com a ternura que esperava sentir naturalmente, choca-se com o desapego em relação ao ser suscitado, estranhamente a ela. Acredito que isso aconteça mais do que gostaríamos de supor, iludidos e vitimados de tudo, há milênios. O contato não é eminente, como esperam alguns dos mais renomados ufólogos, nacionais e internacionais, ele já existe de forma dimensional e física.

•••

Inesperadamente, assisti, surpreendida, na linha de espaço-tempo, o belo Ser, feminino, talvez. Digo feminino, não que este apresentasse órgãos sexuais aparentes, semelhantes aos terráqueos, distinguindo seu gênero, porém uma certeza ou intuição conservava-me esclarecida para essa pretensiosa avaliação. Um espetacular retrocesso, no passado longínquo, fazia-me deter, inimaginável informação inserida, acessada, na biblioteca óssea daquela assistida. Aos poucos, eu ia percebendo os detalhes de mais uma etnia humanoide, que, positivamente, não mais poderiam permanecer atuantes nos planos dimensionais terrenos, há incontáveis milênios. Sua presença indicava a origem extraterrestre ou a natureza da intersecção concebida, de hibridização, de certo, naquela moça em tratamento, O corpo delgado e a estatura muito alta, possivelmente com cerca de dois metros e quarenta, ou dois metros e sessenta de altura, vestido com espessa e elástica pele brilhante, quase etérica, de tonalidade acinzentada, azul clara. Seu rosto era bem simétrico, um tanto anguloso, definia suas mandíbulas, exibindo a tensa fenda da pequena boca da face projetada de uma proporcional cabeça; sua fronte exibia uma espécie de alta tiara óssea, de lado a lado da órbita auditiva, em um crânio protuberante, posteriormente precipitado em curiosa formatação, apoiada por alongado e fino pescoço. Minha atenção era voltada para os pés da criatura, em tudo diverso da anatomia terráquea. Possuíam o que podemos descrever como dedos, em número de três, um deles para trás, em suporte, como potente esporão, se assim poderia descrever. Seus joelhos dobrados para trás denotavam um ser com poderosa capacidade de salto. O tórax era marcado, bem desenhado, com ombros delicados e braços finos e longos vertentes.

O tecido ósseo, biblioteca valiosa, expunha-se acessível à percepção sensorial da terapeuta, surpreendente vida passada, a história por trás da história mais antiga da assistida examinada. O conteúdo impresso, principalmente entre as fissuras ósseas, disposto também entre articulações fixas, sinalizava onde encontraríamos mais conflitante material impresso, ossificado, solidificado permanece no tempo, para observação no tempo e liberação.

•••

Eu deveria elevar minha frequência vibracional alçando determinada altura na tentativa de observar aqueles alienígenas presentes. Um deles, o mais próximo de minha personalidade posicionado, me fitava com olhar significativo de estranheza. Minha admiração era tão grande de vê-los lado a lado que perdi o foco de minhas tarefas assumidas junto à assistida. Telepaticamente, pedia que eu seguisse com minha ocupação sem curiosidade sobre o que estavam realizando, como se eu os conhecesse de tempos e, repentinamente, esquecesse tudo, da minha posição e da deles, de reparação, comprometidos com sua missão. Em um passado longínquo, ou nem tanto assim, estes e outras espécies humanoides estiveram realizando na Terra, infinitas experimentações comprometedoras, gerando e assumindo *karmas*; cura-se o futuro reparando o passado, mesmo a nível dimesional. O pequeno grupo de três seres ladeava a maca de consultas, na qual permanecia a assistida relaxada, em tratamento. Eram bem pequenos, talvez menos de um metro em estatura, pois mal alcançavam a altura da mobília, própria para o atendimento. Sua estrutura óssea e seus órgãos internos estavam aparentes. Uma camada cristalina envolvia o dourado interno e plasmático, quase etérico, de sua fluidez energética pulsante. Os seus olhos espetacularmente grandes e redondos de um tom de verde, no mínimo, surreal, me miravam de baixo.

Esses humanoides realizam estratégicas e incontáveis intervenções em favor do povo terráqueo, de cunho reparatório e também compensatório de seus próprios *karmas* gerados com a humanidade, neste caso, para a recuperação e o restabelecimento do veículo biológico alterado e demais corpos multidimensionais descompassados. Entre outros benefícios está a retirada de conteúdo há milênios atraído, de outros orbes, miasmas, elementais de segunda dimensão, prisioneiros encapsulados – antipartículas que se concretizam em massa etérea e podem, em certo momento, materializarem-se no corpo tridimensional. O conteúdo mantém memórias de padrões de doenças que podem ser ativados por discordantes emoções.

•••

Do interior da Grande Pirâmide, o pequeno grupo fraterno de viajantes, evoluídos, conduzia-se por caminhos deixados, abertos por estes, e por outros extraterrestres, vertentes reconhecidas, de mundo a mundo, por meio dos portais dimensionais da Mãe Terra acessados. Os seres de Marte, bem pequenos em estatura, destacavam-se, à primeira impressão, por sua serenidade e por sua espetacular cabeleira branca, longa e lisa, alcançando a altura dos joelhos. Seus cabelos opalinos, repartidos no centro da delicada cabeça, ornavam uma face suave e harmônica, contrastando com sua pele escura, café com leite, e com suas longas e alvas vestes. Inúmeras vezes estiveram presentes, assumindo a tarefa a realizar; seja no deslocamento do assistido em consultório, desdobrado em veículo astral, para dimensões superiores, em um avançado processo de cura, seja esquadrinhando caminhos de portal a portal com nobre propósito. Telepaticamente, afirmavam que o meu veículo físico não necessitava, absolutamente, dos grosseiros alimentos terráqueos, que bastaria uma pequena quantidade de encorpado suco de frutas vermelhas e escuras, e um pequeno pão preparado com especial cuidado, sutilizando, assim, minha frequência vibratória; alimento marciano.

•••

Clareando a antessala de atendimento, a menina Ser de luz, do reino Angélico, extraterrestre da raça, possivelmente Nórdica, (reconhecida por essa denominação pela Ufologia mundial), apareceu me chamando. Acompanhava, há milênios, a querida assistida que não a podia perceber. Entre o clarão de luz que emanava, em uma fração do todo, enxerguei sua bela e perfeita face em uma mediana estatura. Telepaticamente, se comunicava comigo, queria que eu lembrasse a socorrida, que permanecia em desesperança e pessimismo de sua constante presença em incontáveis períodos da vida preciosa, presente de Deus. Sobre a maca de atendimento, ao findar de longo atendimento, fazia-me deixar a assistida abrandada das dores físicas e emocionais persistentemente maceradas, orientando-me que esta irmã deveria urgentemente voltar-se à conexão Divina. Pedia que eu a advertisse da sua constante presença ao longo de sua existência e de sua permanência, vida após vida; bastava acreditar, pensei eu.

Outras vezes, mantive contato direto com esses seres angelicais. De mantra ritmado e proferido insistentemente, pedido de auxílio aos seres celestes recorri. Levitando em frente à janela, espargiam fachos de sua luz rosa brilhante, iluminando e interpenetrando todo o ambiente. O trio de Seres adentrava ao consultório espargindo suas vibrações, preparando para os trabalhos programados o recinto de atendimento, com amor e paz.

•••

Retornávamos ao lar, ao findar da tarde, após longo feriado. Seguíamos pela estrada movimentada quando certo torpor tomava conta de meu corpo. Os olhos pesados teimavam em fechar-se com forte pensamento de deixar-me ir, puxava-me para longe. Olhei para trás e vi meus filhos pequenos confortavelmente dormindo, depois olhei para meu marido, certificando-me de seu estado; ele estava seguro e concentrado ao volante. Então, deixei-me desdobrar. Em veículo astral, já noite escura, eu observava os carros circulando lentamente enfileirados com seus faróis altos. Cercado de muitas pessoas curiosas e de irmãos espirituais, o rapaz ciclista, com o peito coberto de sangue e atirado ao encostamento da rodovia, estava morto. Parado ao meu lado, em corpo astral, em conversação telepática, à boa distância de seu veículo físico dilacerado, o homem horrorizado, recém-desencarnado, não acreditando no acontecido e na chocante fragilidade da vida, olhava transtornado a cena. Quis o rapaz, pela última vez, reconhecer sua roupagem orgânica, como se certificando de sua condição atual; despedia-se, lúcido, daquela identidade materializada, com o consentimento dos mentores na sua aproximação. O socorrista orientava-me no exato momento para o desligamento do quaternário encarnado (corpo orgânico, matriz etérica, corpo astral e mental concreto) daquele jovem acidentado. Quando retornei ao corpo físico, ao assento do carro, continuava em conversação com o carona transportado. O plano tridimensional e o astral estavam tão interligados e visíveis, que naturalmente podia interagir e acessá-lo. Bem lúcida, fitei a paisagem do final da tarde, que absolutamente, não estava como a noite escura vivenciada. O relógio marcava quase dezoito horas. Como era possível? Seria um sonho tão lúcido ou uma viagem no espaço-tempo?

Já mais perto do destino alcançar, por volta das dezessete horas e trinta minutos, naquele percurso da estrada, o lento trânsito aumentava, e os veículos aglomeravam-se. O acidente, muitos quilômetros à frente, havia realmente ocorrido, materializado. O jovem corpo estava sendo encaminhado pelos órgãos competentes. Imensa tristeza e dor física tomaram conta de mim, e também a certeza de todo acolhimento e amor doado pelo elevado plano espiritual àquela Alma. Nunca estamos sós ou desamparados. Somos observados infinitamente pelas forças Divinas e pelo "Eu Sou". Pequena fração da sensação, do impacto físico e emocional, sofridos pelo assistido desencarnado, permanecia me atingindo.

Chegando em casa, já deitada e aconchegada em minha cama, bastou eu fechar os olhos, em um segundo apenas, para desdobrar-me em viagem astral até a sala de estar. O moço estava sentado no canto do aposento, olhar vidrado, esperando que a minha mediação o conduzisse ao socorro providenciado. Nos anos de 1998, eu era participante ativa e voluntária trabalhadora espírita Kardecista. Ali na casa, os irmãos da Luz conduziriam o rapaz para os estudos e a merecida recuperação, de missão amorosamente aceita.

•••

Durante muitos anos os Cinzentos, denominados *Greys* pela ufologia internacional, pequenos humanoides, me cercavam praticamente todas as noites, e em grande número, até o ano de 1998. Com altura em torno de um metro e vinte, esses seres de corpo franzino, com membros afinados e três longos dedos nas mãos, mostravam agigantada cabeça e face marcada por grandes olhos negros e oblíquos, boca pequena e rasgada projetada de uma mandíbula imperceptível e um diminuto nariz com pequenas narinas à mostra. No início, talvez aos nove anos de idade, tenho vaga lembrança, eu tentava unir os fatos, apenas recordava da bizarra alegoria com uma coruja; seu chamado permanente atraía-me para fora da casa. Depois, na vida adulta, assustada e ansiosa, com certeza acabei por desafiar minha autoconfiança acessando e revivendo muitas cenas. Apenas repassei pequeníssima parcela, impedida por estes. Do frio e hostil contato extraterrestre, de nula reação emocional, o abduzido é tratado como objeto de experimento e pesquisa, como se a eles os humanos pertencessem. Especialmente três alienígenas, em hierarquia, especializados, realizavam seus exames de natureza física/emocional em mim. Dois seres colocavam-se à esquerda do meu corpo e apenas um ser à direita, aquele que, aproximando-se de minha face, olho no olho, hipnotizava-me na tentativa de acalmar e de apagar minhas lembranças, neutralizando meu sistema endócrino sobrecarregado de adrenalina, de suas atemorizantes experiências. Detida em minha imobilidade angustiante, eu podia observar aquela sala cirúrgica, contida em curioso ambiente, no qual muitas pessoas, a maioria inconsciente, aguardavam; deitada na maca, ora na penumbra, ora em recinto extremamente iluminado, lúcida, lembrei. Às vezes, acordava sem voz, em um grito que não saía, com o corpo tenso, estressadamente retraído, outras vezes, com dor. A sensação era sempre de estar desprotegida e só, impotente da temível agressividade. Às vezes, eu queria gritar para o meu marido, ao lado na cama, mas não conseguia. No passado, já sabia de pelo menos duas outras pessoas, que retendo lembranças sofreram as mesmas abduções, deste contato extraterrestre. Uma grande amiga orientadora, tempos atrás, intuída, viajante da linha do espaço-tempo, alertou-me para que nunca permitisse a hipnose médica terráquea, eu iria ver coisas que nunca deveria recordar, perdendo a ambição de seguir vivendo neste planeta.

$$\bullet\bullet\bullet$$

De súbito, eu abri os olhos, assustada, paralisada, no meio da madrugada. Depois do medo, indignada e com raiva das constantes invasões, eu não dormia quase nada. Por mais de um ano, vi a arrepiante nebulosa vermelha e azul brilhante, em parte luminosa e sutil, em parte densa, grumosa e fosca, interagindo comigo, daquilo que consigo acessar da mente concreta, bloqueada em sua percepção e lembrança. Supus, depois duvidei inicialmente, cansada e atemorizada, que talvez esta "estrutura", deslocada no plano tridimensional, fosse um meio para a abdução dos veículos, orgânico ou sutis, para o contato extraterrestre e do retorno providenciado. Flutuando distante a um metro e meio de altura e paralelamente ao corpo deitado, afastava-se depois se deslocando para outro cômodo até desaparecer. Repetidamente na minha vida, estranhas sensações da assustadora ocorrência que, o pobre e insignificante vocabulário não conseguirá descrevê-las integralmente hoje.

Por volta do ano de 1999, fui liberada dos últimos implantes extraterrestre introduzidos no cérebro físico, hemisfério cerebral direito. Digo cérebro físico, porque as marcas da cirurgia para retirada daquele material, por muito tempo ficaram visíveis no veículo orgânico. Realizada pelos Mestres da Luz e presenciada por mim, deslocada em corpos sutis, retive na memória apenas parte de todo o processo vivenciado, curativo e libertador. Cerca de um ano após o acontecido, as cicatrizes, ainda bem aparentes, faziam a indiscreta cabeleireira indagar sobre a cirurgia realizada. Três pontos setorizados na região da cabeça marcaram na pele formas ovoides, espaçadas ao longo do crânio, inicialmente avermelhadas e lisas, bem posicionadas e que permaneceram sem cabelos. Uma das passagens mais viáveis para o implante ser acessado e retirado, na sutura do osso occipital, lado direito, área delicada, comprometeria o ouvido, que passou muitos anos com *déficit* auditivo, cerca de trinta por cento de perda, hoje com apenas algum percentual percebido. Chocou-me ver minha imagem astral projetada. Toda a região superior da cabeça do corpo astral alterado, sem nenhum fio de cabelo; lateralmente e contornando a coroa, podiam-se ver os fios castanhos. Disse-me o Mestre da Luz que a recuperação aconteceria lentamente, porém, sem risco algum, apenas o veículo físico perderia grande parte do cabelo, rareando. E foi assim: eu mesma fiz um corte bem rente, "última moda", mas estava feliz e imensamente grata com a intervenção Divina recebida. Achatamentos na pupila da íris esquerda vão permanecer decodificando a tentativa de usura ou corrupção deste hemisfério. O hemisfério cerebral direito é acessado pela Alma, que dela recebe contato direto, da quinta dimensão, comunica-se com a personalidade encarnada, relaciona-se com a íris esquerda, a consciência feminina, Yin, Lua. A retirada dos outros dois implantes foi efetuada nos anos anteriores, com segurança e mais facilmente. O implante no fígado deixou um hemangioma (tumor benigno) localizado e, o da coluna, tudo bem, não sinto mais nada hoje. Esses dois procedimentos foram realizados por volta do ano de 1997. É difícil identificar ao certo o propósito destes implantes. Pareceu-me, inicialmente, serem infiltrados para meu monitoramento à distância, até supor que poderiam, pela localização distal no veículo físico, terem finalidades diversas além do monitorar; verificação bioquímica ou até genética.

A experimentação prejudicial dos implantes, principalmente cumpriria no veículo astral ou corpo mental racional, de suas emoções vividas ou iludidas holograficamente e de tomada de decisão, realizaria e refletiria direcionada tendência nos veículos multidimensionais.

Há dois anos, aproximadamente, passei por novo exame exploratório do cérebro físico. Acomodada na maca do meu consultório, um leve torpor invadia o veículo orgânico providencialmente, para aquietá-lo e relaxar a personalidade para o exame especializado que avançava. Como em uma tomografia, vi no teto da sala as lâminas daqueles setores cerebrais projetadas, passando uma a uma, sendo analisadas. Eu abria os olhos físicos e continuava visualizando perfeitamente as incríveis imagens, normais.

•••

Em completa paz proporcionada pela oração, tomada por sonolência incontida e aninhada na cama, forte Luz, esfera azul Royal, azul claro brilhante e irradiante verde plasma agigantavam-se na proximidade de meu *chakra Ajna*. Forte presença do Alto se fez perceber, sem forma, absolutamente, pura Luz de Deus. Como que empurrada para fora do meu corpo físico, sob grande pressão, desde o cóccix até o topo da cabeça, viajava no espaço-tempo em velocidade inimaginável. Eu fluía tal como um líquido percorrendo uma longa mangueira. Verde, prata e azul, plasma cristal, hoje sei, por um "buraco de minhoca", me faziam acessar, agora em outro plano dimensional, a calmaria do espetacular espaço estrelado. Buracos de minhoca ou buracos de verme, como Albert Einstein afirmava, são passagens ou túneis comunicantes, abertos entre dimensões do espaço-tempo. Podia escutar o infinito silêncio da imensidão do Universo, sentindo-me parte de tudo. Eu não possuía mais corpo estruturado, eu era uma consciência luminosa acompanhada e amparada pela mesma luz vibrante do início da experimentação. Um convite telepático ofertava, à minha livre escolha, um ponto da imensidão visitar. Tomado outro túnel vertente, possibilidade que me conduziria a vincular outro endereço energético associado, desemboquei em realidade passada, digo, vida passada. O ambiente escurecido no desenrolar da peça teatral ainda ensaiada e o grupo de atores acompanhados, cercados por seres multidimensionais, influenciadores, assombravam ali circulando, causavam-me certa sensação pesada e negativa. Percorrendo o caminho, acessei a ampla porta nos fundos do prédio, abrindo-a para a rua fria. Uma carruagem movida a carreiras de belos cavalos, estacionada, agora percorria em disparada correria a estreita avenida calçada. Voltei ao ponto inicial do espaço infinito de possibilidades, me deparando com muitos caminhos a seguir, para frente e para trás na linha de espaço-tempo. Deslocada em outra realidade, noutro céu longínquo, eu estava. Outras constelações, agigantadas no veludo azul do espaço infinito, perceptíveis estavam. Longe, muito longe de casa viajava; passagens acessadas por meio dos *chakras* – Portais Interdimensionais, mais desenvolvidos, além do veículo físico.

Este acontecido foi em 1997.

•••

De anterior experiência relatada, deslocada em distinto planeta, patrocinada pela viagem dimensional amparada, acessado por meio de um endereço energético associado, subitamente deparei-me, tempos depois, com a personalidade estrangeira neste mundo, na minha realidade tridimensional. A passagem, de mão dupla aberta, proporcionou esta condição facilitadora. No meio de uma compra em um grande supermercado vi a estranha dona espreitando, quando rapidamente avança brava ao meu encontro. Na minha frente, a mulher raivosa e cobradora apontava o dedo em minha face, falando em uma linguagem desconhecida. Muito agressiva, gesticulava, arqueava as grandes sobrancelhas, arregalando os olhos negros. Essa mulher pertencente, vivente em outra "terra" paralela, não era absolutamente minha conhecida nesta realidade e podia estar me confundindo com outra Elaine que lá existe. Não me pareceu uma relação de amizade, visto que me ameaçava. Ela desapareceu como por encanto, no meio do corredor do grande mercado, deixando todos surpreendidos. Meu marido, mesmo distraído nas compras providenciando, viu essa pessoa, que para ele era de carne e osso, acabando por inquirir de quem se tratava.

•••

Na completa paz da oração, e orientada por um pedido canalizado, longo jejum com líquidos e, posteriormente, com alimentos crus, elevava minha frequência vibracional, supervisionada e em treinamento. Pude, certa manhã, acessar repentinamente a bela imagem daquele Ser. Uma criança de olhos tão doces de bondade flutuava livre no meu quarto de dormir. Era um menino, não humano, muito mais alto do que eu. Quando percebi, eu já estava no imenso e circular corredor daquela nave em formato de disco. Sentada, aguardando, podia ver o material estruturado de certa liga de metal muito leve, compondo todo o local, parecendo alumínio com plasma cristalino brilhante, compactado. Era a mesma tecnologia do especial metal leve que vi muitas vezes em equipamentos de tratamento ou em cirurgias espirituais em meus desdobramentos astrais, em alguns trabalhos voluntários que participei, até poder identificá-los hoje, em meu consultório rotineiramente. Havia dois seres muito altos e delgados, de longo pescoço afinado suportando uma grande cabeça sem cabelos e possuidores de apenas três longos dedos nas mãos. Aproximados três metros de altura, de pele salpicada de tons terrosos, acercavam-se de mim. O mesmo olhar que passava confiança. Hoje, não me recordo mais da conversação daquela experiência, ficou apagada na memória, e isso me parece negativo. Quando a hoste dos Mestres da Luz se aproxima de um humano, podemos lembrar-nos de partes ou totalmente dos ensinamentos ou do diálogo daquilo que foi vivenciado. Uma sensação de desconforto e desconfiança ainda permanece. Esta experiência foi em meados de 1993.

Depois de algum estudo e de certa experiência canalizada, presenteada, também de empenho assumido com a Hoste da Luz, parti motivada, no plano físico, buscando aperfeiçoamento por meio de determinados cursos reconhecidos. Percebi o grande vazio materialista de muitas técnicas que não conduziam absolutamente o indivíduo a lugar algum, desprezando conceitos espirituais necessários para o desenvolvimento harmonioso do profissional e no atendimento ao assistido, assim formando um Ser mais completo e disciplinado, cuidador do outro. O espírito está vestido de homem. A integração da espiritualidade com a ciência e a religião, seja qual for esta, no plano tridimensional une e oportuniza o desenvolvimento da personalidade encarnada e na sequência, leva à senda da Luz.

Em profunda oração e meditação, me coloquei à disposição, aguardando resposta do Alto. Eu intencionava comunicação diretamente do "Eu Sou", e pedia orientação para aquele momento de tantas dúvidas, por vertentes a adotar. Providencialmente, a bela imagem do Ser Iluminado plasmava-se à minha frente. O homem respondia meu pedido de ajuda misericordiosamente. Etéreo em sua estrutura iluminada, de pele azul, farta e longa trança negra tramada delicadamente pousada sobre o ombro, carreada de minúsculas flores de cristal. Na serena face masculina e delicada compleição sinalizava expressivo olhar, a resposta esperada. O corpo nobre e forte como de um belo deus indiano apontava abaixando-se no regato de águas límpidas como cristal. Certa quantidade de areia trazia da peneira de palha mergulhada, porém, somente três pontos reluzentes ressaltavam feito diamante. Naquela imensidão de grãos vazios, sem brilho e nenhuma importância, asseverava-me que nenhum proveito no caminho estes teriam, ao contrário, o atraso seria inevitável e fatigante, pois muita energia seria dissipada se a eles me detivesse. Para o meu crescimento, da missão assumida, o chamado me conduzia à dedicação dos três acertados conteúdos que eu seguramente deveria desenvolver em minha trajetória material/espiritual.

No passado, esses "deuses indianos", raça azul alienígena, bem retratada e reconhecida na história espiritual planetária, trouxe para a Terra muito conhecimento, desenvolvimento e a prática no bem. Envolveu a humanidade daquela atualidade com conceitos espirituais adiantados movendo-a para o Alto alcançar, e a presente, assim como as futuras civilizações acessarão livres de preconceitos ilusórios se assim se permitirem.

•••

Cada um dos setenários, corpos ou veículos multidimensionais,
respectivamente está relacionado
a um Portal Interdimensional ou Chakra.
O viajante do espaço-tempo acessa
na linha do tempo, construindo passagens
entre estes planos dimensionais,
Buracos de Minhoca. Buracos de minhoca
possuem anatomia micro e bioenergética semelhante
aos existentes no macrocosmo; estão comunicantes
a uma realidade paralela peculiar, e assim podemos nos deslocar nesta
linha de espaço-tempo sem limitações, por meio desses túneis ou
"buracos de verme", que só podem ser acessadas através da associação
com seus Endereços Energéticos.
Endereços Energéticos são a própria personalidade
"vivente" entrelaçada na linha do espaço-tempo,
no passado, presente ou futuro,
nas múltiplas realidades paralelas existentes.

Para todos aqueles que trilham o
Caminho da luz e já alcançaram
Certo entendimento.

A história por de trás da história, mais antiga.

No interior da grande pirâmide eu visualizava, acessando a linha do espaço-tempo, homens etéreos, alados e luminescentes, como o mais refinado véu – os híbridos, humanos e Anunakes – os homens que vieram dos céus. De seus braços cintilavam estendidas asas projetadas. Marcados por protuberante emblema frontal, sinalizando o terceiro olho, permaneciam transformados de sua estrutura humana, vítimas marcadas do experimento; nova raça plasmada, em um passado longínquo. Hoje podemos encontrar os Anunakes retratados na pedra, simbologia que, ao nosso olhar curioso, causa espanto. Imponente Ser comandava todo o processo. De gelado fundo prateado da íris muito verde, sem calor e expressão, um olhar marcado pela frieza parecia vazio de "coração". Largo prolongamento posterior projetava-se em sua anatomia diversa, marcando sua cabeça, coroada de joias bem lapidadas, arranjadas como sinal de sua elevada posição hierárquica, natural de seu mundo.

Nova série de cenas sequenciais, retrocedendo ainda mais no remoto tempo, prende à força, requerida, minha visão e atenção mental com certa quantidade de sadismo e comando, sem nenhuma alternativa, de minha parte, de exonerar-me de tal incumbência. Espetacular veículo, em tamanha estrutura inimaginável, recolhia os homens, à mudança da estrutura bioenergética. Simbiose de uma raça tecnologicamente avançada em experimentos marcava a Terra mais uma vez. Uma ampla rampa projetava-se ao solo enevoado, na noite escura e fria como metal. Em um tempo anterior à história mais antiga acessada pelo homem – a história atrás da história. Separando do solo, a fila de humilde e espiritual grupo, alguns terráqueos, habitantes mais evoluídos, lentamente adentravam autômatos e quietos ao imenso veículo que imediatamente alçava aos céus. A desmedida "cidade hospital", ou laboratório experimental, com suas cobaias impotentes partia reféns. Sobretudo não esperavam, estes, que o experimento humano pudesse superar o "criador". O homem possuidor de natureza e portador de luz interna, a Chama Crística, que aflora em possibilidade de ascensão faz o ser tão especialmente Criatura. A mudança experimental terráquea teve seu tempo findado? Não me parece.

A história por de trás da história mais antiga marca uma experiência acessada nas memórias decodificadas mais antigas. Sensibilizada por fortes emoções, a assistida, em consultório, descreve tamanho medo e frio envolvendo-a. A terapeuta, expectadora surpresa e exaurida, tomada por forte magnetismo, é novamente forçada, insistentemente, a visualizar certos detalhes da nave com seus compartimentos setorizados, tripulação e equipamentos de pesquisa. Depois fui levada, exaurida, a examinar o solo marinho quando subitamente percebo o colossal veículo tripulado; impondo a mesma força queria que eu visse, mantida concentrada. Em formatação estrutural de charuto, a nave com cobertura cristalina como análoga ao verniz cristal, sobre a tintura amarela, areia de praia, mover-se suavemente no cenário marítimo, porém com espetacular velocidade alçando a superfície oceânica, sem nem ao menos produzir uma única marola, utilizando-se de estratégica tecnológica. Sei que ganharam os céus; estes que por outros tantos terráqueos são vistos físicos, testemunhos, relatos de longa data nos céus de todo mundo.

•••

A sessão a seguir expõe relatos e experiências vivenciadas no atendimento ao assistido em sala de Tratamento de Equilíbrio Bioenergético; descreve vidas passadas acessadas, interação com seres dimensionais, extra planetários; também minhas experiências pessoais de regressões espontâneas, abduções extraterrestres, na sequencia da vida. Narra tendências do viajante no espaço-tempo (positivo e negativo), para frente ou para trás, nesta linha não cronológica, retilínea de tempo, demonstrando vivências propostas à personalidade encarnada e vigente para elucidação e a sequência evolucionária.

Parte 2
Reencarnação e Evolução Assistidos em consultório

Este é um mundo de realidade focalizada e fortemente determinada em livre escolha, para a resolução e a elucidação nos revezes, no decorrer da vida vibrante, afinal, somos construtores mentais, co-criadores de nosso mundo, cada qual de sua realidade em particular, através do fermento produtivo das emoções. Não somos vítimas como a grande massa humana crê, firmada e resignada, interagindo com o que julga ser real acercado de nós, impondo-se independentemente levando o Homem à resignação inconsciente e à derrota em seus intentos. Sendo assim, a partir desse aprendizado, tomando consciência desse fato, movimentando novas possibilidades, concentrados no objetivo a atingir, avançamos com harmoniosa perspectiva. Desprovido e neutralizado de nocivos padrões viciosos de vidas passadas, ou mesmo da materialização de enraizados e cíclicos conceitos ultrapassados, repetitivos de geração em geração de uma ofuscada linhagem ancestral, que hoje, se permitido for, nos embaçam, afetando a atual linha de tempo e a futura, certamente, não nos colocaremos amoldados e reféns, mas deuses criadores. Munidos de poder pessoal, devemos potencializar somente as belas e acertadas projeções de amor, consolidadas em existências passadas, exemplificadas ou inspiradas por outros, que já passaram, inspiradores, ou ainda permanecem atuantes, presentes em nossas vidas, receptivos, então, com a Alma.

Da expandida consciência de sua verdadeira origem Divina e da sua condição de extensão da Alma, o Ser opta, buscando cumprir a programada Missão na Mãe-Terra, amparado e obediente aos Mestres da Luz, ou, submete-se a repetir padrões insalubres de conduta. O viajante do espaço-tempo é movido, cada qual no seu ritmo, buscando acessar seus Endereços Energéticos através dos já desenvolvidos, em altas frequências vibratórias, Portais Interdimensionais, percorrer os céus dimensionais e paralelos, acessando canalizadas ferramentas da Luz no trabalho seguro do autoconhecimento, sabedor dos recursos de autocura canalizados. A superação de medos e de limitações faz o assistido encarar seus condicionamentos autoimpostos, aproximando-o mais diligente do "Eu Sou". Lucificada a personalidade encarnada nesta existência tridimensional influencia, lapidada outras vidas passadas e também futuras, contribuindo para a construção de um planeta de amor, interligado em uma teia cósmica Universal. Sendo assim, estas páginas possuem linguagem acessível a todo aquele buscador da Luz.

•••

O Ser vestido de roupagem orgânica e inserido neste plano tridimensional – Universo físico, aparentemente matéria tangível –, coabita e projeta-se em uma realidade holográfica, ilusória, colapsando possibilidades por meio do foco de seu olhar, e experimenta uma linha de espaço-tempo. Nesta realidade, a personalidade encarnada, por meio da Lei Universal, é dotada de certo livre-arbítrio, percebe e experimenta eventos cronologicamente progressivos, de passado, presente e futuro – pelo qual nascemos, vivemos e desencarnamos – e esta ordem linear só "existe" mesmo no plano dimensional. As paredes desse mundo, bolsão de realidade paralela, denominaram de espaço-tempo "positivo". É constituído por um espectro de energia e matéria que vibram e se deslocam à velocidade menor ou igual à da luz; energia gerada pelas células vivas e em constante desenvolvimento, mantida pelos elevados construtores das formas do Reino dos Elementais. O homem estagiário de eventos previamente programados pela Alma possui forte eletromagnetismo, um Campo Unificado – Aura – eletro-magnético e gravitacional. Denominamos de espaço-tempo "negativo" as "substâncias" que vibram em velocidade muito superiores à da luz, pela qual a energia é menor do que zero. Associados fundamentalmente a essa característica, das substâncias, temos o relacionamento com os respectivos veículos sutis humanos, que vibram também em altíssima frequência, imagem e semelhança do Pai; os viajantes do espaço-tempo.

Os mundos e seus veículos correspondentes são percebidos somente com o desenvolvimento dos *Chakras* e dos sentidos físicos já mais lucificados – percepção extrassensorial.

Do portal aberto para o ambulatório espiritual, o respeitoso mentor espiritual concentrado colocava-se cauteloso para o cumprimento de sua tarefa. O homem de brancos cabelos e de límpidas vestes intocadas guiava o numeroso grupo de anciãos, trazidos ao consultório pelo menino, trabalhador da Luz.

O assistido em processo de atendimento terapêutico, sossegado na maca, parecia dormir profundamente. Desprendido em viagem astral, interagindo com a respectiva realidade e acompanhado de seus Mestres, ele era capaz de cumprir sua concordata previamente aceita, mesmo não recordando disso. Despedia-se dos irmãos amorosamente recolhidos em suas andanças aos submundos astrais, acessando-os naqueles planos mais desprovidos de Luz. Suspirava o pequeno irmãozinho dedicado, acordando abruptamente do "sonho" relatado e não totalmente compreendido.

Disponibilizado pelos Mestres da Luz um Portal permanentemente acessível, todos os assistidos são direcionados ao hospital etérico por meio da passagem interdimensional; transporta todos aqueles que destinados estão ao socorro, meritoriamente. Também os irmãos mais lucificados podem adentrar ao ambulatório espiritual e a outros planos de realidade mais elevada para tratamento de entendimento e aprendizado. Outros, vagando, ainda confusos, teimam em conservarem-se moradores ou confinados a sub-planos dimensionais inferiores; são aqueles inconscientes de sua verdadeira origem Divina, não admitem sua natureza e condição, desencarnados de seus veículos orgânicos. Parcela da humanidade, infelizmente a sua maioria, os renitentes, permanecem ligados por algum elo ao Homem terreno ou ao plano tridimensional aderidos, alterados de seu estado, nutrem ilusão e impotência. Porém ainda outros apegados ao mundo físico, vertendo sua irradiação estrangeira, acomodando-se como parasitas, sedentos de viciosos confortos materialistas chegando a danificar o "vaso físico" de seu hospedeiro desequilibrado – estes, conscientemente infiltrados, influenciadores, permanecem conformados ao Campo Eletromagnético daqueles desatentos, aqueles que não oram, nem vigiam, aqueles que não possuem domínio sobre o seu futuro, sobre seus veículos dimensionais, que não se permitem desenvolvimento.

Enquanto a personalidade encarnada não alcançar sua absoluta maestria sobre o poder qualificado dentro de seu centro eletromagnético, o seu mundo holográfico experimentado permanecerá constantemente subjugado por eventos traumáticos.

Deflagrada aquela situação inesperadamente nova, fiquei muito espantada, depois, imensamente agradecida pela graça concedida. Concentrada no assistido acomodado na maca, na busca de solução para o relatado sintoma, eu aferia o Campo Eletromagnético e os seus veículos dimensionais. Na sala de atendimento, alarmada, eu observava intenso sangramento no peito astral a escoar-se. Nitidamente, eu visualizava no coração a aorta perfurada, até que providencialmente foi contido, jorrando em profusão, esvaindo-se do veículo astral. O forte cheiro sanguíneo penetrava intensamente meu sentido olfativo, espargido pelo ambiente. Sua principal queixa naquele dia era de desconforto, como se água escorresse dentro de seu peito; ele passara semanas assim. Orientada pelos Mestres da Luz, e já mais calma, eu observava como que em lente de aumento a perfuração na aorta astral, um aneurisma. Eu enxergava os médicos espirituais à volta do assistido realizando os procedimentos requeridos e adequados para o tratamento; podia ver a retirada daquela fração astral corrompida e o implantado tecido já aderido, rapidamente recompondo-se a circulação adequada. Lembro-me que os cirurgiões espirituais pediam-me mentalização concentrada para o fortalecimento e cicatrização daquela região. Delicado tubo, tramado de ectoplasma, reforçava por dentro a artéria recuperada; por fora, o mesmo material, porém, potencialmente espessado e compactado firmava seguro a fração recuperada. À sua cabeceira, uma enfermeira, a mesma mulher que eu via na minha infância, eu mesma em realidade passada. A alta e forte mulher enfermeira, de cabelos ondulados à altura do pescoço; arrumada com branco vestido, alcançando seu comprimento até abaixo dos joelhos, abotoado na frente; na cabeça, um chapeuzinho branco sinalizando uma cruz vermelha de acertada dobra engomada. Foi dito que ela ficaria com o assistido durante período programado para suporte e para segurança daquela cirurgia espiritual. O homem, instruído com algumas recomendações, pôde retornar à sua casa, em estado brasileiro distante. Na sessão de retorno, ele relatava leveza e bem-estar como há meses não sentira; aquela sensação estranha nunca mais voltou a incomodá-lo. Depois de algum tempo, esteve em consulta com especialista cardiologista e nada foi encontrado das antigas queixas persistentes.

•••

Para todos aqueles que buscam
Transcender ao apego materialista.

Do peito feminino, tão dolorido ao toque de suave massagem, brotava espontâneo choro, quase incontido. O *chakra* Cardíaco, oprimido e exaurido em depleção, tentava expurgar urgente a obstrução de vida passada. A profunda e dilacerada ferida vem à tona colorindo a aura carregada de densa nuvem vermelha, qual sangramento, de desalento e desespero que contagiava a senhora, escravizada de persistente vitimismo e consistente apego enraizado. A terapeuta é remetida na linha de espaço-tempo à cena sofrida, da longínqua existência passada. Transmutando a ligação acessada, a terapeuta pôde libertar a atual personalidade para a realidade presente prosseguir.

No presente, relata a assistida, de necessário e urgente acometido fato processado, persistir a saudade daquela viciosa união e paixão vivenciada; entendeu a revolta de que a vida atual deflagrava e do que lhe foi subtraído outrora. Ainda busca nesta vida sintonia e, certamente merecedora, está acompanhada de alguns desses amores que a apoiam e preenchem sua vida. Carece apenas libertar-se e viver em absoluto desprendimento, sabendo que este é apenas um dos capítulos da longa jornada da vida em aprendizado, e que, hoje, como personalidade singular, viverá novas e importantes histórias de amor.

A personalidade passada era focalizada pela terapeuta, alegre à espera da família. Com seu pesado e luxuoso vestido passeia a bela dama, envolvida pela música e festejos à beira do escuro rio. Cavalheiros mascarados imponentes, gondoleiros e seus passageiros se misturavam aos moradores e aos mendigos, colorindo o local, todos envolvidos pela brisa do final de tarde, sinergia de aromas dos mais distintos.

A proximidade da grande e imponente carruagem, decorada com rebuscados detalhes em ouro e belos brasões, movida por fileiras em par de negros cavalos, encantava a jovem senhora. O consorte fardado de numerosas honras, nobre, de apaixonado olhar, sorridente à janela, apressa-se, eufórico, para o desembarque com as três meninas pequenas. Subitamente, na correria desenfreada, o cocheiro perde o comando dos descontrolados cavalos que escorregam no piso liso, caindo sobre o rio veneziano. Permanece desta associação arrebatadora somente uma das crianças concebidas, um pequeno menino que agarrado às pregas do longo vestido materno presencia perturbado a dramática cena.

Na sequência da história, nesta existência longínqua, não teve um bom desfecho; o menino sofrido cresce, sem apoio da mãe que, indiferente à vida e a tudo e atacada por letárgico egoísmo, nega e culpa um Deus de amor de seu destino escolhido.

● ● ●

Para todos aqueles que anseiam por
Desenvolvimento, clareza e domínio sobre seus
Veículos Multidimensionais
e seus respectivos Planos de Realidade.

A jovem do futuro percorria sem limitações o espaço-tempo negativo, acessando o seu Endereço Energético por meio do Portal Cardíaco adoentado. Ela colocava-se aos pés da atual personalidade, aguardando o momento exato, oportunizado pelas altas frequências vibratórias, geradas e estabelecidas, mais harmônicas possíveis a atingir. Visualizava sua atual personalidade irritadiça, insatisfeita e angustiada por forte e persistente dor no peito; desiludida e vitimista, com tendência a perder a noção de seu próprio valor nos relacionamentos, oprimida por condicionados padrões de pensamento em desgastante supressão emocional, ela tingia e bloqueava seu tórax, em depleção autoimposta. A região sem energia permanecia encoberta por cinzenta nuvem interpenetrada com muito vermelho e amarelo mucoso da inflamação instalada, que das profundezas do *chakra* se emancipava. Gentilmente, a moça do futuro acomodou iluminado ramalhete holográfico de delicadas rosas, de caules bem longos, sobre o portal cardíaco e o Plexo Solar da jovem mulher confusa. Decididamente, a bela e espiritual moça, vinda de elevada realidade dimensional e de um distante futuro, não pertencia a este bolsão tridimensional, limitado e densificado. Sua nobre intervenção pretendia harmonizar no passado a personalidade daquele presente, livrando-a de um futuro tão doloroso e pesado, *karma* hoje gerado.

As rosas de cabos bem longos colocadas sobre o *chakra* Cardíaco são da espécie *rosa grandiflora*, aquela que no plano físico é muito empregada para combater doenças inflamatórias já materializadas, patologias na área genital, doenças intestinais e dos pulmões. Como floral vibracional, ela faz despertar o amor incondicional, queimando no ego (associado ao Plexo Solar) sua negatividade, tornando o Ser mais receptivo e abrindo o coração para o mundo – o amor incondicional, a tolerância e a não irritabilidade; sendo um canal para a perfeição Divina.

A canalização do Holofloral, a Rosa cor-de-rosa muito clara e delicada pertence ao qualificado Terceiro Raio Rosa (que harmoniza e suaviza o corpo mental condicionado, absorvendo as discórdias geradas, trabalhando com a depressão causada pelo medo) e ao Segundo Raio Dourado, Sabedoria e Iluminação.

•••

Compareceu, em comovente agradecimento, comitê espiritual do passado acessando a presente encarnação desta moça tão linda. Adentraram todos em consultório posicionando-se aos pés da maca na qual permanecia a mulher em tratamento. Como que a isentando do passado, para a cura e a fluidez da personalidade atual, promoveram desprendimento de vicioso padrão condicionado, marcado repetidamente no tempo. Esplêndido buquê das flores mais perfeitas e delicadas de Luz foi gentilmente depositado sobre o *chakra* etérico Cardíaco da assistida. Flores Holográficas, de matizes rosa champanhe e de suave tonalidade rosa, como cristal líquido, vibrando em frequências harmonizantes, pulsavam para o processo de cura. Como outrora irmã de caridade e religiosa fervorosa em Jesus, consagrada ao próximo e ao Divino, amedrontada e rigidamente cobradora de si mesma durante muitas vidas anteriores, suprimiu profundamente suas emoções neste portal cardíaco, esqueceu-se de que, nesta existência, necessita experimentar outras possibilidades, fluindo livremente nesta dimensão, sem opressão. Reconhecimento de suas potencialidades e amor próprio, sem permitir a oposição do meio, colapsando novas oportunidades positivas que devem fazer parte desta realidade sem mais demora. Por isso, nesta empreitada, encontrou mestres, também encarnados, que a impulsionaram a cada dia para a libertação desses grilhões autoimpostos.

Prossegue a assistida em tratamento. Tempos mais tarde, novo recurso holográfico e fitoholográfico é oportunizado, resistindo a teimosa e repetitiva frequência captada e autoimposta da assistida. Agora, flores brancas com leve tom rosado, rosas e cravos, arrumadas em perfeito ramalhete. Sobre o oprimido corpo Etérico e Astral, em depleção anterior e posterior do peito e de densa nuvem congestionado, os *chakras* superiores e o Sagrado, escurecendo o útero; pesado fundo áurico se fez. O vicioso padrão emocional é repetidamente plasmado naquela aura.

• • •

Para todos aqueles viajantes do espaço-tempo
que buscam permanentemente contato com a
Fonte Monádica "Eu Sou".

Com finalidade de acertado tratamento, o olhar atento da terapeuta, infiltrado, focalizava na "lente de aumento", normais aos supersentidos humanos, o vírus que circulava livre, ameaçador, pela corrente sanguínea do jovem rapaz, queixoso de seus desconfortáveis sintomas. O mesmo olhar reconhecia, à distância, no homem maduro, uma próstata aumentada e enublada, de tecidos e canais internos estreitados, alterados por tumor em crescente desenvolvimento e, de outro homem que, apresentando sintomas semelhantes, porém mais severos, aparece quase que materializado em consultório, canalizando presencialmente por sua esposa, na época em tratamento. Era reconhecido, na jovem mulher, um embrião sem vida, escurecido, na trompa uterina, quase corrompida, escondido do olhar físico do médico especialista e de seus requisitados exames, providenciados.

A assistida cuja axila esquerda, afetada por crescente materialização da estrutura cancerígena, alterando seus nodos linfáticos sobrecarregados, tingindo de espessa nuvem a glândula mamária dolorida chegava a comprometer os movimentos do braço. O Mestre espiritual que orientava o tratamento intui a facilitadora fazendo-a visualizar o cenário passado, o santuário frequentado pela moça. Mostrava-me o amparador espiritual que a mulher, em agradecimento da vida concedida, no altar da Santa Maria, cercada por flores, relembra e comove-se, remetida na linha do tempo ao local da contemplação, de fé e de oração.

Comovida, a religiosa senhora rememora, ajoelhada aos pés da Mãe, em fervorosa paixão e agradecimento é fortalecida, gerando energia potencializada e compensatória que seria aproveitada e direcionada para a cura merecida da doença ameaçadora. A sala de atendimento foi perfumada e iluminada com a Luz Divina. O aprendizado cumprido não necessitava mais reparação por meio da dor. O *quantum* (pacote de energia) recolhido deste *momentum* (energia eletrônica armazenada em reservatório, corpo causal) de tão amorosa e envolvente experiência, poder restaurador de autocura; a doença já não é mais perceptível ao olhar médico e equipamentos do mundo tridimensional. O agradecimento em peregrinação da fé e amor recompõe sua saúde e dá sequência à vida; intervenção meritória concedida e constante evolução.

• • •

Para todos aqueles que
buscam entendimento sobre o
Fenômeno Reencarnatório.

bri a porta e deparei-me com a senhora que havia "sonha-do". Ela me olhava como se certificando de minha presença física, e eu a ela, reconhecíamo-nos como se velhas amigas em um encontro programado. Relatava a assistida durante o processo em consultório, já em atendimento, minha presença astral em sua casa, nas duas noites anteriores. Falava das gemas indicadas e cristais holográficos que eu pedira e que deveria mentalizar em seu campo bioenergético, fazendo vibrar em equilíbrio e alinhamento seu *chakra* Laríngeo. Ela dizia também que seu Mestre intuiu-a do momento exato para marcar consulta comigo. Então o telefone tocou e, eu, depois de longa viagem, atendo, agendando o futuro tratamento.

Já na primeira consulta a mulher queixava-se de alguns sintomas. A aferição de seu campo eletromagnético, associada à leitura codificada de suas íris hematógenas confirmavam o desalinho e os sintomas apresentados, materializados no veículo tridimensional. Bloqueios generalizados, típicos dos sensitivos, geravam muita congestão. O gerador posterior da cabeça sustentava grande congestão em toda a região, bloqueando a oxigenação e a circulação sanguínea, linfática e bioenergética dos hemisférios cerebrais. Setorizada depleção (ausência) prânica parcial e anterior corporal, conjugada com um centro laríngeo tombado por matéria doentia acumulada, sobre o peito e o chakra Cardíaco oprimido, e o peso redobrado sobre o tórax refletiriam ainda mais ansiedade e dificuldade respiratória. Os corpos multidimensionais e seus respectivos portais interdimensionais sinalizavam estas desarmonias. Seu eixo central desestabilizado vertia para a esquerda corporal, tornando sua aura assimétrica e desvitalizada consequência da descontinuidade prânica entre o *chakra* Esplênico e os demais. Essa baixa energética e característica sintomatologia faziam visível o cansaço, a irritabilidade, dores generalizadas no corpo e, principalmente localizadas nas grandes articulações, pois acabava por alterar o circuito elétrico vital, obscurecido e massivo que confrontava o normal fluxo da matriz etérica. Após o tratamento bioenergético, o campo magnético e elétrico restaurados, também o circuito gravitacional que gerava seu desconforto mediúnico, principalmente, a tendência de assimilar o psiquismo adoentado, a nível planetário, agitando e alterando seus veículos e órgãos físicos atingidos com sintomas gastrointestinais de refluxo, gastrite e estofamento abdominal, de plexo solar filtro astral corrompido.

A nobre senhora, após vinte e um dias, retorna à consulta de tratamento. Coloca-se à cabeceira da maca o Mestre espiritual, aguardando pacientemente a liberação das emoções reprimidas para poder atuar. Uma Mestra aproxima-se, à direita corporal, coberta de belas e cintilantes pedras preciosas, incrustadas em largas faixas sobre o corpo moreno; rubis e safiras iluminavam a sala de tratamento irradiando frequências altíssimas disponibilizadas. O intenso trabalho sobre a aura, agora mais estabilizada, podia ser escaneada com Luz azul. A facilitadora observava a grande nebulosa e o grande tumor agarrado ao veículo astral. Aquela dor localizada sinalizada há muito e irradiava-se até a terceira vértebra lombar, acessada sua antecâmara no primeiro contato. O condicionamento de distante vida passada, vivida em altas magias, fazia a senhora ligar-se a três figuras masculinas que a cercavam inevitavelmente à espera de libertação. Uma jovem mulher, de longos cabelos negros, aparece visualizando o conteúdo interno daquele aglomerado tumoral que tomava a totalidade de seu ventre, lado esquerdo, e se expandia pela região do ovário, já retirado em cirurgia física do corpo orgânico e do cólon sigmoide e reto adoecido. Três bonecos de palha aprisionados seguravam, em magia, essas personalidades aprisionadas do passado, pelos quais nem mesmo uma esterectomia total resolvera o problema na realidade tridimensional. A depuração destas antigas e nocivas energias malbaratadas fez o veículo físico livrar-se por meio do vômito, durante a noite; desconforto que foi desaparecendo naturalmente, apenas relato, em nova sessão de tratamento, certa sensibilidade a mais no local onde uma atadura permanecia etérea, fruto da cirurgia espiritual.

•••

O *chakra* Sagrado necessitava de urgente reparação. Congestionado com densas emoções do atual passado daquela mulher, o Portal já sinalizava diagnosticados desequilíbrios no veículo orgânico, repetidos sintomas da endometriose instalada comprometendo o órgão reprodutor e suas cavidades abdominais adjacentes. A moça assistida deveria livrar-se das influências infiltradas de décadas passadas em seu Campo Áurico e realizar necessária catarse emocional. Todos os sentimentos discordantes relativos aos conflitos vivenciados com o antigo companheiro detinham bloqueados a natural e saudável fluidez energética. A mulher, Mãe Sagrada indígena, indicava o local exato onde toda a matéria retirada, daquele bloqueio subtraído do Portal Interdimensional, deveria ser depositada. Um buraco abria-se no solo astral, bem abaixo daquela frondosa árvore. Enquanto isso, ferramenta captada do alto, do Comando Asthar, coletor em forma de cuia, era acoplado ao *chakra* sexual alterado. Descreve acertadamente a assistida, com riqueza de detalhes, acompanhando minha visualização, o equipamento utilizado para o fim proposto; confirma que tal qual estrutura de vidraria laboratorial, o objeto inserido coletava a espessa nuvem e posteriormente alguns ovoides desprendidos eram sugados e depositados na profundidade da Terra para devida absorção e transmutação; voltando para sua origem, a segunda dimensão. A ferramenta providencial era devolvida a sua origem, desempregnada de todos os miasmas absorvidos da coleta realizada. Um jovem indígena que, de longe, avistava todo o processo de cura, fitava, atento, estagiário, a mulher madura e sábia ancestral ao pé da árvore astral, valendo-se daqueles recursos curativos.

Prossegue a terapeuta varrendo o campo áurico, já bem mais desobstruído, quando nova imagem nos remetia, eu e a assistida, a outro cenário dimensional. Agora espelhada nas águas profundas e escuras do Cenote Sagrado, a bela indígena, vestida de branco, corta pequena mecha de seus negros e trançados cabelos atirando-os ao poço evocando com cântico entoado um ser Elemental que de lá se levanta. O Ser cristalino deslocado ao mundo físico penetrando no útero corrompido e de suas cercanias, extrai da assistida densa massa vermelha que dali se desprende. A queimação e a dor outrora sentidas, de seus tecidos distendidos são varridas, consumidas imediatamente.

Seus *chakras*, Laríngeo e Sagrado, em ponte comunicante associados, desfazem-se de toda a tensão e de resíduos doentios anexados. Da moça tratada fluía dos feixes nervosos – *nádis*, detritos acumulados, escoando de seus ombros e braços doloridos.

• • •

Crises de pânico ameaçavam o homem, impossibilitando-o invariavelmente, sabotando sua liberdade e sua fluidez na vida. Extenso tratamento psicológico não resolvera seu sofrimento sem fim, relatava o assistido, exausto.

Saudosa do filho tão amado, a mulher atravessa um portal providencialmente aberto e oportunizado pelos irmãos da Luz. Adentravam todos à sala de consulta ao merecido e esperado encontro; a mãe permanecia amparada por dois missionários voluntários. O homem maduro, providencialmente adormecido e acomodado na maca, percebe sua presença e suspira. Lágrimas brotam dos olhos fechados. A genitora aproxima-se carinhosamente, frágil e cansada de sua condição ainda em recuperação no plano espiritual, culpando-se de tão drástico desenlace. Conversa telepática é conduzida na dimensão astral e forte emanação curativa projetada, amorosa, sensibiliza a todos os presentes. Uma despedida, que outrora não foi possível, hoje, generosamente patrocinada pelos irmãos da Luz é conduzida.

Desperto, o assistido relata estranheza, sentimento de paz, de disposição e de ter conversado muito; diz sentir-se feliz e leve, porém, não recorda de mais nada, inconsciente do ocorrido. A facilitadora termina a sessão indicando acertada sinergia floral e indagando sobre sua adolescência e seu relacionamento com a genitora. O homem, mais calmo, diz ter perdido a mãe por fulminante doença e que, naquele tempo, aos 15 anos de idade, impossibilitado de despedir-se dela, sentia um imenso vazio, como se a qualquer momento ela pudesse retornar aliviando sua saudade e sofrimento; relata que esteve muito revoltado com o prematuro falecimento e com o abandono materno a que foi obrigado a se submeter.

• • •

A aferição do campo eletromagnético da assistida, devidamente escaneado, sinalizava com prana azul o setorizado bloqueio nos quadris e no fundo áurico, marcando os pés da assistida. Apresentava depleção de energia vital, isto é, carência e bloqueio energético. O Plexo Solar astral, anterior ao veículo físico, também o *chakra* Cardíaco, anterior e posterior ao corpo de carne, como a região do *chakra* Básico congestionados, marcavam, ali, o mesmo padrão com sintomatologia já materializada no corpo orgânico. Duas grandes nebulosas escuras aderiam lateralmente aos quadris, invadindo e dispersando-se, congestionando o livre fluxo bioenergético daquela moça. Os pés em exaustão, não mais enraizados na terra, denotavam falta de motivação e medo existencial; equipamentos acoplados, implantes extrafísicos aderidos na altura do seu *chakra* Secundário, acessavam o primeiro ponto, meridiano dos rins. Eram duas pequenas esferas negras e brilhantes aderidas a cada um dos pés.

Eu conduzia a varredura quando fui remetida a certa idade da adolescência da assistida. Facilitadora, eu pude observar, cena após cena, alguns conflitos relativos ao aprendizado por meio do medo, exposto na vivência diária. Figura extraterrestre, sinistro cinzento (*Grey*), é observada junto ao fundo áurico daquela moça, permanecendo ali infiltrado periodicamente. Coletava informações o estrategista, impondo sensações, naquele experimento, à vítima inconsciente. Os implantes astrais sinalizados, aderidos à aura, foram decodificados e desintegrados providencialmente pelos Mestres da Luz, Pleidianos. A moça queixara-se anteriormente da presença e sensação de repuxo insistente na musculatura plantar, principalmente no pé esquerdo.

Este é mais um dos atendimentos no quais a chamada Síndrome do Pânico se manifesta ao longo da vida, começando do nada, podendo ser visualizada e decodificada na linha do tempo atual, no mapa tridimensional das íris e relacionado a certa idade e ao seu Portal Interdimensional alterando-o, correspondente também ao setor e ao veículo dimensional mais afetado.

• • •

Nós avistávamos, do alto, espessa parede plasmática – azul cristalina, de proporção descomunal, protetora separava os dois mundos, em sua densidade, como uma antessala ou área fronteiriça entre dimensões. De uma realidade tridimensional, nós, deste lado, encarcerados em uma roupagem física pesada para providenciais vivências holográficas de aprendizado e reparação; do outro plano, um mundo pouco mais sutil, potencializado e criado pelo pensamento e emoção humana, harmônicos ou não – o plano Astral.

Estamos nós duas, terapeuta e assistida, em um céu intermediário, uma das muitas "plataformas de comunicação e embarque" para outra realidade.

Ao encontro da moça aproxima-se um ancião, que vem de longe, como que de um encontro previamente autorizado e agendado. O homem ajoelha-se a seus pés, requerendo, choroso, isenção e clemência de todas as ofensas e desamor outrora gerados por ele e que não o permitem desligar-se da realidade prisioneira da qual faz parte – um subplano mais abaixo; oportunamente há muito esperada de reparação. A facilitadora alerta a assistida, esta estende as mãos, abaixando-se junto ao homem arrependido. Aqui, mais do que tudo, o importante é a decisão de perdoar verdadeiramente, desfazendo-se dos elos que aderiram a ambos, onde quer que possam estar. Novas oportunidades para resgate futuro devem ser criadas; agora, a necessidade de afastamento e de exoneração para a sequência da vida, pois cada qual deve seguir seu caminho.

À nossa frente, um vórtice. Um portal luminoso que irá conduzir-nos a outra realidade de experimentações e de aprendizados preciosos. Outro plano paralelo de existência para ajustamento e purificação do que lá possa ter sido gerado. Bela menina delicada, de talvez sete anos, chama a nossa atenção. Face a face com a pequena no tempo projetada, no futuro, para ajuste providencial antes de acessarmos a passagem interdimensional. Tristonha, ela é reconhecida pela assistida como verdade na atual linha do tempo, sua infância. Interagindo e processando a lição, deixamos para trás uma meninice solitária e pouco compreendida, sem voz, que materializou na mulher adulta séria degeneração óssea por obstrução energética em seu *chakra* Laríngeo refletido; correspondente às vértebras em alteração afetadas; às idades traumáticas, onde os eventos na época sofridos. Tomamos à frente em uma imensidão de caminhos vertentes, em uma tarefa para ajuste e vivência do amor incondicional. Merecida assistência, devido ao esforço compensatório aplicado, *quantum* de energia gerada e intensa lapidação, a persona é conduzida a espetacular templo etérico egípcio, em Abidos, em um dos Templos do Osíris. É recebida com honras, após um breve banhar-se em fonte de luz de um matiz azul médio, junto ao pátio central. As vestes da mulher são trocadas por refinada e delicadíssima túnica, sandálias douradas e bela coroa de luz dourada e cristal são ofertadas. Imediatamente, outra região nós adentramos, percebemos um grande lago cercado por bela floresta. Conduzido por um imponente barqueiro à proa do barco, trajado de longa capa e botas de couro, navegava cuidadosamente por águas calmas espelhadas. A certa altura, para nossa admiração, transpassamos uma passagem, gigantesca caverna escondida por densa vegetação. Desembarcamos; o homem robusto monta guarda naquele refúgio, para nossa proteção.

A espetacular caverna nos remete a caminhos vertentes, antecâmaras cravejadas de monumentais cristais sagrados, dourados e luminescentes, fazem resgatar parte da documentada história da humanidade e particular dessa nobre mulher; Alma antiga.

...

Inerte aos seus compromissos, a governanta focalizava da janela daquela mansão de belas proporções a menininha de cinco anos que brincava despreocupada no amplo jardim. Sua face fria e ossuda, de ameaçador olhar carregado de ódio, ela tramava o momento exato, auxiliada por sua associação criminosa, o homem sombrio, de levarem a cabo o desfecho calculado e prometido. Externava, à sua volta, a ambiciosa mulher gananciosa, rancorosa e vingativa da vida autoimposta, uma densa aura negra que escurecia e influenciava pegajosa toda a cercania. O jardineiro, focalizamos, vestido de pesado avental de couro, podava as folhagens atento, guardando à distância a criança como se pressentisse o futuro ocorrido. Pais despreocupados e entregues a demasiados eventos sociais não tinham tempo e disposição para assuntos domésticos, negligenciando aos filhos. Festas e vida social vinham em flashes, de cena a cena, captados pela facilitadora e sua assistida admirada, que muito intuída fazia as devidas associações entre as personalidades passadas, de existência tão distante, com a vida presente, seus conflitos permanentes e a presença daqueles, personalidades encarnadas, atuantes ainda hoje.

Num momento, facilitado pelos descuidados e indiferentes genitores, a criança fora raptada pelo amante criminoso daquela mulher aterrorizante. Ao entardecer, o braço do grotesco homem segurava apertado contra o peito o pescoço da criança encapuzada, na outra mão o facão empunhava. Sufocando sua respiração, em correria desenfreada, embrenhando-se pela mata fechada, levava a pequena menina, acuado. Não havia a necessidade dos golpes à faca impostos à inocente criança, rasgando-lhe a garganta; persistia somente a satisfação gloriosa, de poder nas mãos, para horrendo ato.

A moça teve surpreendente conciliação amorosa na casa dos genitores, hoje tão amados, quase que imediatamente ao tratamento ocorrido. A dificuldade com a mãe tomou proporções de união e generosidade, com nitidez e compreensão dos confrontos anteriores acometidos; parece ter acontecido uma varredura de padrões nocivos que enublavam a vida; misericordiosa com a doença da nervosa genitora abalada. O pai continua sendo seu observador e cuidador, hoje, porém, não apenas à distância.

•••

Os finos bracinhos e o corpinho da pequena criança congelavam em profunda agonia. Batia desesperada a porta vedada do tambor enferrujado, no tempo jogado, no amplo terreno abandonado perto da estrada de ferro. Violada por homem horrendo, ali foi largada, quase morta. Presa, chorava baixinho até o seu desencarne solitário. Nenhum daqueles poucos transeuntes que por ali passaram perceberam o crime cometido. A assistida, não suportando as sensações intensas revividas na regressão dessa vida passada, acompanhando todos os momentos da criança esperançosa e sentindo na carne o sofrimento da escuridão congelante, fez a terapeuta romper a porta daquele compartimento e conduzi-la, a pobre criança machucada, por meio de passagem interdimensional, liberando a personalidade passada para além da vida. A assistida livrou-se hoje da prisão e da angústia sentida no peito oprimido e sem energia, magoada, enublando e bloqueando seu *chakra* Cardíaco em depleção com toda a dor do desamparo.

Poucos dos irmãos assistidos em consultório escolhem reviver suas vidas passadas com tamanha profusão de detalhes e sensações, completamente presentes no passado traumático, embora não seja planejado é indispensável para a comprovação de suas experiências e entendimento do presente.

•••

O Ser desfigurado adentrava ao consultório acompanhando a assistida. Relatava a moça certa dificuldade de prosseguir o seu tratamento a contento, como se ali não devesse estar. Sentia um peso enorme no corpo, um desalento da dificuldade a enfrentar, porém corajosa persistiria. Atrás dela, os monstruosos olhos negros espreitavam, esgueirava-se movediça, grande e peluda, a transfigurada imagem condizente com sua frequência assumida. Momentos após, acomodada na maca do consultório, segue-se todo o natural processo de aferição do campo bio-eletro-magnético e gravitacional, varredura energética de todo e qualquer resíduo energético desbloqueado, centralização dos corpos dimensionais, harmonização e energização da assistida. Percebendo que eu havia detectado sua presença, a criatura tenta cruzar fugitiva o portal patológico e aberto (passagem alterada na malha de espaço-tempo, danificada pela utilização contrária às Leis Universais e imutáveis do Alto), na tentativa de alçar outro plano dimensional. Na aura, acessando o Plexo Solar, vi a imensa aranha posicionando-se certeira sobre aquele *chakra* Astral. Imediatamente impedida, conduzida pela espiritualidade Maior, a criatura transformada é entorpecida, reduzida e reservada em seguro compartimento cristalino de Luz azul. A facilitadora adentra instantaneamente, remetida ao macabro submundo astral, ambicionado por aquela personalidade desgarrada, onde essa alma sofrera tamanha metamorfose. No nebuloso e tortuoso túnel rochoso, subterrâneo, daquela dimensão, espiava outra criatura. Sombra, metade homem, metade lobo que embrenhada na profundeza escura desvencilha-se nos caminhos daquele labirinto tenebroso; tem pavor da Luz projetada de Deus e da presença dos Mestres em auxílio. Outras transfigurações de pobres almas aprisionadas no espaço interdimensional foram ao longo do percurso percebidas e transmutadas com a Chama Violeta – Raio Divino, desfazendo-se a magia de outrora. O portal aberto fora selado com prana azul e suas espessas e pesadas portas, fechadas a contento, cobertas com encorpada malhas de prana. Subindo-se a escadaria avistei o nefasto e devastado cenário do cemitério abandonado que nutria aquelas forças trevosas.

Nova dimensão eu adentrei concebendo aquele cenário calcinado, mergulhando ainda mais profundamente no passado longínquo.

Outrora, aquele lugar fez parte das mais altas e negras magias. Antes era um belo e grandioso jardim florido e verdejante, depois, no tempo, o solo doente foi perdendo o viço e as "energias de baixo" e dos homens, perdidos de Deus, transformaram-no em terra morta. O homem fardado, de alto escalão, ocupava-se guardando o menino moribundo, cercando-o de falsa preocupação pela doença incógnita, aproximava-se da família iludida e indiferente. Doença propositadamente provocada por este homem à pobre criança drenada, findava seus dias na Terra. A condição social da abastada família não podia comprar a cura do menino em fase terminal, tampouco desvendar os motivos da doença por meio medicina tradicional. O pálido menino inconsciente, cercado de negra nuvem, agora é instantaneamente envolvido na Luz. Penetra a suave brisa pela janela do casarão, que se abre deixando o sol brilhante penetrar o rico aposento e iluminar a Alma da esquecida criança, liberada da vampirização energética a que foi submetida. A regressão cura o passado e move o presente libertando não só a atual personalidade, mas todas as vidas envolvidas na multidimensionalidade.

• • •

Esta Alma experimentava o processo curativo, em constante purificação evolucionária, trabalhosa tarefa, revelando entendimento e vontade férrea à personalidade encarnada. A expurgação dos antigos miasmas de vidas passadas e condicionamentos arraigados de momentânea e demasiada reação destrutiva necessitavam de reparação consciente. Deitada na maca da sala de atendimento, a assistida apresentava seu campo eletromagnético com apropriada expansividade, denotando uma Alma antiga, com forte magnetismo, muitas vidas passadas em altas magias nocivas. Comprometida com o autoconhecimento, com a lapidação do ego, posicionada para a cura, ela colocava-se à disposição da vida fluida presentemente e da espiritualidade maior, relatando o vício tendencioso que ameaçava sua paz, insistentemente a indignando. Com seu eixo holográfico centralizado, harmonizado e ancorado à Mãe-Terra e aos céus superiores, de sua missão cumprir com seus corpos sutis alinhados, sua aura interna, porém, ao olhar da terapeuta, depois de devidamente escaneado com prana azul sinalizador, mostrava um útero astral alterado em tamanho, com trompas edemaciadas, sustentando ovários aumentados e tingidos de envolvente nuvem, na presença de matéria estagnada, que interpenetrava o molde etérico corrompendo os tecidos físicos contaminados. O tratamento seguia desobstruindo e varrendo a aura intensamente, livrando os canalículos da Aura da Saúde congestionada (que equivale ao sistema Imunológico e linfático, orgânico), emaranhada e oprimida em formas-pensamento infiltradas e aderidas ao Ser. Naturalmente, o molde etérico reagiu manifestando mais luz em seus canais energéticos, que faziam a assistida relatar certa vibração e formigamento físico vertido ao longo das pernas, aliviando a sensação de desconforto e de peso. Tratado o órgão de expressividade, criatividade e ancoramento feminino na Terra, para materialização na realidade tridimensional, este imediatamente copiara sua Matriz Etérica perfeitamente saudável e estrutura uterina feminina, agora descongestionada; posteriormente, o órgão físico realizaria, talvez, catarse, podendo liberar alguns resíduos desprendidos nesse processo salutar de purificação emocional e miasmática. Minha atenção, direcionada para a moça, principalmente aos joelhos, com *chakras* Secundários congestionados e pesados, pendentes sobre as pernas, denotavam uma personalidade machucada, incapaz de desfazer-se de emoções repetidas, inflexível, influencia de um passado remoto. Imediatamente o joelho direito começa a ser tratado e envolvido em prana purificador. Matéria nociva estocada começa a ser retirada localmente. Ferramenta em formato esférico, coletora, canalizada dos elevados socorristas da Luz, consciências extraterrestres, é acoplada ao portal para merecido tratamento. Captados e transmutados os detritos, absorvidos de vida passada e estabilizado o *chakra*, um antigo compartimento é acessado e vem à tona seu conteúdo. Na linha do tempo de vida passada, matéria prisioneira é encaminhada para expurgação. Um intenso desejo, intuído pela terapeuta, alerta urgente à assistida, para o desprendimento daquela vida longínqua. Aderido sobre a patela, brasão, placa metálica modelada em formato se fez. Novamente corrompeu o veículo físico em seu molde etérico interpenetrando por potente personalidade passada que se interpõe fortemente em sua causa sobre a personalidade atual encarnada. Seu corpo fechando-se sobre forjada armadura metálica brilhante remete à assistida e a terapeuta ao cenário e à vivência anterior. No campo de batalha, o reluzente escudo imprimia o mesmo brasão de família. A patela direita arrancada à espada por seu opositor, horrenda amputação mostrava, em uma perna masculina musculosa, de um homem de baixa estatura. O guerreiro detido e posicionado em algum ponto da Idade Média mantinha a atenção e as sensações captadas pela assistida, que detalhadamente complementava minha descrição; dizia ser, na época, um homem de pele muito clara e de cabelos louros quase cobre; podia sentir sua diversa energia, da atual existência. A facilitadora atenta, situada nas redondezas da luta travada, no terreno externo do castelo, observava o momento exato do tenebroso confronto por terras conquistadas. Lúcida, a assistida de seus corpos dimensionais incrivelmente perceptiva deixa cair a armadura holográfica, e, abrindo-se em pedaços, se desfaz. Assim, imensas possibilidades de cura permanente são oportunizadas na realidade atual.

Cura-se hoje o passado e o futuro, impondo-lhes Luz e intenção de libertação para a presente existência e para as demais envolvidas neste evento traumático. Sofrimento por golpes na atualidade não mais serão sentidos com tamanha intensidade devido à libertação, entendimento e perdão emanados, que aos poucos libertam as personalidades envolvidas, reencarnadas hoje. A tomada de consciência, de poder pessoal definido, direciona o Ser ao caminho originalmente pré-determinado e traçado pela Alma. O corpo físico envolvido com amor, motivado por recursos internos potencializados, toma grande quantidade de energia e disponibiliza – *Momentum* ou *Quantum* gerado e eleva às alturas sua frequência. Realiza com o direcionamento dos Mestres da Luz, a Grande Cura. O alinhamento e o desbloqueio de seus veículos multidimensionais, influenciadores e influenciados, da realidade tridimensional, também de realidades passadas ou futuras que hoje se plasmam.

•••

Para todos aqueles que buscam a
integração transcendente, interno-externo.

Eu permanecia observando a colega, de concluído curso, quando nos despedimos certa vez. Uma profunda impressão e tremendo peso tomaram meu ser abalado e entristecido com a chocante visão futura, desvendado *flash*. Sabia que em poucos anos nos encontraríamos novamente e que seu destino inevitavelmente se cumpriria. Agradecida, certa vez a querida amiga enviou-me mensagem musical comemorativa de aniversário. Ela me chamava de "estrelinha em sua vida", comovendo-me intensamente com tão bela amizade. Vida passada e profundos laços fraternos nos uniram mutuamente para a prometida tarefa assumida na empreitada da vida.

Passaram-se anos e nos encontramos em estabelecido consultório para o atendimento de seu ente querido. A mulher, acompanhante de sua filha, ouvia minha orientação; confiante da providência Divina e com a urgência requerida, preparou-se para o aconselhamento espiritual da jovem encaminhada. Uma de suas filhas deveria aceitar o compromisso previamente assumido; aquela negação a fazia adoecer e transtornar, manifestando-se a Crise do Pânico. A reparação com a Alma necessitada de reencarne, que já cercava o casal de pais devedores, deveria materializar-se. O útero etéreo da jovem teimosa, qual finíssimo papel, não suportaria uma prorrogada espera. As personalidades no plano tridimensional esquecem-se do dever adquirido permitindo que o véu de *maya* enuble suas vidas holográficas. O condicionamento de uma vida material mais confortável para a vinda de um bebê conflitava com a missão atual. O espírito emprestado de Deus necessitava vir em urgente aprendizado nesta realidade, o mais breve possível, não havendo novamente outra possibilidade nesta existência. Uma campanha amorosa e nobre da valente amiga surtiu resultado; bebê a caminho.

Meses mais tarde, grave doença tomou a irmã severamente. Rapidamente, suas reservas energéticas exauriam o corpo físico e seus veículos sutis. Um telefonema urgente de sua filha, dolorida da perda iminente, alarmada, chamava-me avisando:

– A mãe só está esperando você!

Gerando uma força espiritual descomunal, a amiga evoluída aguardava seu tempo, detida em sofrimento respiratório na unidade de tratamento intensivo hospitalar. Estava amparada por numeroso grupo de médicos espirituais e intensa Luz branco-azulada, como em redoma luminosa protegida. Quando me aproximei do leito agonizante, pude falar telepaticamente com seu veículo mental. Os Mestres da Luz me pediam força para auxiliá-la, tranquilizando-a. Neste momento, a personalidade estava ligada ao plano físico e a sua família tão amada, filhos, esposo companheiro, do primeiro neto que ainda não havia nascido. Necessitava livrar-se de toda angústia do desencarne. O desligamento da extensão da Alma não poderia ser prorrogado por mais tempo, pois os preparativos já estavam a caminho. Ela deveria partir livre, ciente da missão e do tempo cumprido – da volta ao lar. Suspiro profundo confirmava que a nossa conversa telepática foi entendida e um sono mais tranquilo foi proporcionado para o desdobramento astral. Esperançosa, à frente do hospital ensolarado me recompunha da tarefa voluntária. Orava por minha irmã quando a vi, bem alto no céu holográfico, amparada por belos anjos da Luz, a assistida sendo rapidamente alçada inconsciente. Surpreendendo a todos com uma súbita melhora, momentos oportunizados para a despedida e para o importante contato com a filha mais receptiva. Dias após, a amiga de meu coração partiu, liberta.

•••

Regressão Espontânea
Entendimento e Liberação

Para todos aqueles que se acercam fortemente do
Espírito Divino, conduzidos pelo leme do
"Eu Sou" e firmemente sustentados pelo propósito
enraizados na âncora da Mãe-Terra.

Da rústica escadaria inacabada, relatava a moça, só lhe era permitido escutar o tenebroso falatório vindo do piso superior. Acessando aquela lacuna, um vazio de tempo entre o sono e a vigília, a assistida claramente relembrou, e em consultório prosseguia, levando a terapeuta a visualizar sua vida passada. A viagem era patrocinada por valoroso amparo espiritual proporcionando a nítida vivência experimentada. Podia a facilitadora, deslocada no espaço-tempo, sentir o vento carreando o ácido material entulhado, se dispersando da edificação em construção. Obedecia a moça, cautelosa, envolvida por protetora e providencial nebulosa branca, às ordens de um missionário invisível, de forte presença, que lhe ordenava distância segura, tornando impossível a visualização da horrível cena de um assassinato a golpes de faca.

A atual personalidade, lúcida de seus nobres ideais humanitários, já não vibra mais em disputas de poder e capitalismo, subjugando o próximo. Podia sentir a mão pesada da lição, ajustada para harmonização e desprendimento do comprometimento cármico gerado em vida passada.

A terapeuta, podendo avançar, espia, investigava visualizando o homem bruto e solitário, representante falador dos demais colegas operários, requerendo, insistente, seu direito de classe quando golpe certeiro atravessou seu ventre, interrompendo a futura mobilização organizada.

Patrocinado por elevados irmãos da Luz comprometidos com o bem, ele desfez-se de pesado martírio executando apropriada lição reparadora, na medida correta, sem grandes choques traumáticos, apenas na ocorrência de acertada lucidez. A Alma mais próxima da aplicada personalidade faz realizar catarse providencial e evolucionária para ajuste e desligamento do que fora gerado, liberando os envolvidos em conflitos permanentes da convivência presente para reparador entendimento e amor.

No momento em que os geradores (*chakras*) alcançam determinada frequência vibracional, comportam-se como Portais Interdimensionais. Essa é a verdadeira Máquina do Tempo.

Do macro ao microcosmo, tudo é semelhante. Assim, igualmente os portais da Mãe-Terra acessam passagens dimensionais, buracos de minhoca, na linha de espaço-tempo. Depois de atingir determinada pureza, o veículo encarnado pode, acompanhado e orientado, meritoriamente, realizar regressões espontâneas naturalmente. Com finalidade de aprendizado e evolução, o Ser orientado progride rapidamente. A regressão espontânea também acontece por motivos apropriados a certas épocas da atual existência ser direcionado à reparação produtiva da vida, neutralizando o passado influenciador .

• • •

A Regressão Espontânea não representa mera curiosidade,
ao contrário, remete à personalidade atual,
à vivência passada com lucidez para a compreensão do que hoje deve
acertadamente reparar e desapegar-se em emoção. A alma ampara
acompanhante e protetora viaja liberta na linha do espaço-tempo
clareando sua extensão, o Ego encarnado, elevando-o já mais
consciente e purificado.

Elisabeth viveu nos anos de 1686. Era uma bela criança de oito anos de idade, alegre, de longos cachos dourados amarrados em laço caprichosamente atado por branca fita de veludo, deixando cair a volumosa cabeleira até a altura da cintura, meias brancas de lã e vestido bordô de veludo pesado. Queria conhecer o mundo, correr pela mansão desbravando suas amplas salas e seus vastos corredores fartamente decorados com grandes telas a óleo e suas belas molduras rebuscadas, folhadas em ouro. Eu podia sentir o seu andar pesado, a transpiração da menina levada e sua respiração, diferente da minha, hoje, outra personalidade. Escondida em brincadeira, percorrendo as alas proibidas daquela maravilhosa residência, solitária espiava por trás das altas e pesadas portas. Seu pai era um comandante de alto posto, farda azul e imponentes galões dourados, viajava muito por razões políticas, na época, envolvido. A menina, órfã de mãe, estava sob os cuidados da governanta e de criadagem, com muitos mimos e delicados cuidados. Elisabeth em uma de suas andanças pela mansão, percebeu, de súbito, sua imagem astral desdobrada face a face; de tão sobressaltada, sua frágil compleição, não suportando o arrebatado impacto, sucumbiu de susto.

Pálida e exaurida do susto acometida, a criança adoeceu, perdendo a vasta cabeleira. Imediatamente foi isolada de todos, pela superstição religiosa foi tachada de bruxa. Após aquele impactante choque, dias após, fez a menina falecer, seu frágil coração parou. Morreu isolada de todos, a pobre criança, vestida com roupa de pardo algodão, todas as joias retiradas. O acontecido foi velado de todos, do povo da cidade, da alta sociedade. A igreja temia e proibia veementemente qualquer contato com o corpo desencarnado, determinando seu isolamento total; um enterro rápido, de velório fechado, proibia até a endereçada oração. O pai, com o coração partido, não poderia ver pela última vez sua menininha tão amada. Transgrediu, espreitando cuidadosamente as ordens religiosas, e adentrou silenciosamente o amplo salão, ajudado por duas pessoas, sentinelas amedrontados, porém fiéis, que vigiavam a entrada. O corpinho depositado em caixão lacrado não permitia que o pai angustiado acariciasse a recém-desencarnada criança. Orou muito em pedido comovente a um Deus de amor que acolhesse sua amada. A menina aprisionada em corpo astral tentava contato com o pai; chamava-o na tentativa de seu reconhecimento e amor no transpasse traumático, marcava a sequência da vida, que seguiu solitária com brusco desligamento do plano físico. Eu podia vê-la dentro e fora de sua mortalha, e o homem triste em desespero.

Ao longo dos anos, foi oportunizado, pelos Mestres da Luz, o desvendar e o reconhecimento de muitas das minhas vidas passadas, não por mera curiosidade, mas no momento apropriado, para trabalho de reparação e de desenvolvimento do meu Ser. Este olhar maduro sobre os infinitos capítulos da grande história já vivida ou de histórias ainda a experimentar, vidas futuras, faz a personalidade atual apressar-se na lapidação e no reconhecimento de recursos e liberação das dores e miasmas agregados. Essa regressão espontânea aconteceu desvendando a história de Elisabeth, ocorrendo para meu entendimento, quando comecei mais lucidamente a deslocar-me em veículo astral; desenvolvimento normal do veículo sutil e de seus recursos, em sua respectiva dimensão, sem riscos, pois estamos sempre escoltados.

$$\bullet\bullet\bullet$$

A criancinha sem roupas e coberta de lama corria liberta nas ruas. Ainda nem sabia falar direito, ria e brincava contente com seus amiguinhos, inconsciente de sua infeliz condição. Não tinha sequer a atenção dos indiferentes pais endurecidos e egoístas. Miseráveis, eles buscavam, a qualquer custo, o sustento de seus desejos, esquecendo-se dos muitos filhos gerados. Vivia a pequenina como bicho, sem alimento nem cama.

Sentadinha no fundo da rústica carroça, ela tentava inutilmente pedir aos genitores para com eles ali ficar. Tristonha, ela choramingava conversando com um amiguinho invisível, que lhe prevenia não ter chance alguma de um retorno, de ver seus pais e irmãos. Chorou até cansar a pobre prisioneira. De prévio pedido, o homem, insistente, a levava para a sua casa, no lento rodar do veículo precário, a muitas horas de Ilhéus, pagando algumas moedas na aquisição da menina. Prometia cuidá-la, dar alimento e roupa – dizia. O extenso caminho sem fim da estrada poeirenta conduziria a menina à distante costa deserta, na época, bem próximo do mar. A casinha pequena, sem crianças, comportava dois moradores, a mulher solitária e humilhada, obediente ao seu senhor e marido, o pescador que adquiriu friamente a abandonada menina.

Esta regressão espontânea colocou-me lado a lado com a personalidade passada, a pequena, tornada mulher. Só depois fiz a associação com o homem que me obsediou durante muito tempo em minha infância, na realidade atual. O baixo e atarracado patife permanecia com a mesma aparência de vida passada, ainda hoje, retido no tempo, renitente, desencarnado. Olhos negros faiscantes, pele clara queimada do sol, cabelos loiros e crespos à altura do pescoço.

Repetidas tentativas de fuga fez o rude proprietário aprisionar a mocinha. Em um pequeno aposento, apertada e curta corrente prendia seu tornozelo em angustiosa tormenta. Quanto mais ela forçava sua libertação, mais o ferro grosseiro cortava sua pele sensível. Mal podia se movimentar, continuava deitada, imóvel, com a pesada corrente fixada à parede. Muitas vezes tentou, lutadora, arrancar o forte grilhão, sem nada conseguir. Quando cresceu um pouco mais, violada pelo homem, engravidou e teve seu primeiro filho ali mesmo, solitária, em um parto sofrido. A mocinha assumiria o papel da primeira mulher, que agora mais velha foi expulsa da casa sem nada levar. Inconformada, a prisioneira era obrigada a realizar as tarefas da casa, amarrada à mesma corrente, agora um pouco mais alongada. O pátio de terra e o cercado dos bichos de criação deveriam estar impecavelmente limpos, sem nenhuma folhinha sequer do vento jogada. Agora os dois filhos concebidos, um menino e uma menina, calados e cuidadosos com a presença do pai, prestavam conta da distância avançada em sua ausência. Do terreno não poderiam ultrapassar a fronteira acertada e nenhum contato com o mundo externo era permitido. Eu, em minha regressão, olhava o homem afastado por dias a fio, em seu barquinho humilde, navegando; ele nadava profundamente no mar, coletando as preciosas pérolas, algumas espetaculares e negras. Depositava seus tesouros em um barranco cavado no chão, escondido por uma abertura camuflada com tampo de madeira e vegetação encobrindo. Avarento, o homem vivia da venda dessas pérolas e tinha medo de ser roubado por outros que não tinham a mesma sorte de encontrar esses tesouros quanto ele em grande número. A moça, munida de muita força e coragem, vendo que de outra forma não conseguiria sua liberdade, começou a aderir à loucura do seu dono e adulá-lo com todas as suas vontades. Dois anos se passaram até que o homem tomasse confiança na mulher pacienciosa. Não poderia levar as crianças pequenas na enlouquecida fuga. Os filhos também eram escravos do homem. Planejou bem, seguindo o pensamento de seu senhor. Seguiria na correria, por longo caminho, depois atravessaria mar adentro, chegando à distante cidade. Deixaria, com sorte, um pequeno barquinho na espera de sua aventura em fuga. Viveu sobressaltada e culpada até o final da vida de os filhos ter abandonado. A possibilidade daquele homem a encontrar era grande. Eu, a personalidade do futuro, via aquele triste fim das crianças abandonadas e do homem morrendo afogado. Deixou toda a sua riqueza ali enterrada, no tempo perdido. Depois de desencarnado, ele continuou vigiando e vingativo, perdido no mundo. Localizou em um futuro distante, filho e filha encarnados, os meus pais dessa vida atual, os filhos prisioneiros e abandonados de vida passada; obsessor perverso, a todos nós perseguiu, desde que criança me encontrou acompanhante da mãe, em certo culto de crentes. Na minha atual adolescência, pintei retratado em mediana tela a óleo, concentrada na face que via projetada continuamente na vida; chamei-o de João.

•••

Somos seres multidimensionais,
pois coexistimos simultaneamente em
vários planos de realidade, ditas paralelas,
que comunicam-se constantemente entre si,
acessadas por meio de passagens,
os Portais Interdimensionais – Chakras,
já bem desenvolvidos, que eventualmente interagem
com personalidades da mesma família de alma
ou com outros corpos dimensionais e realidades simultâneas,
na Linha de Tempo e espaço, sem limitações.
O que está "lá fora" é uma imensidão de ondas e
frequências eletromagnéticas.
Uma pequena parte de um holograma contém
a imagem codificada do todo, nada se perde,
cada porção do Universo envolve,
está todo – do macro ao microcosmo.
Todas as coisas estão incondicionalmente interligadas
umas às outras em um emaranhado cósmico.

A bela e etérea mão de Luz branco-cristal projeta-se do Alto, acessando sua extensão holográfica da Alma, minha realidade, interpenetrando os tecidos corrompidos do inchado e dolorido pescoço. A garganta apertada não mais suportava a tensão imposta pela grande massa a ela aderida. A Presença "Eu Sou" retira certeira, por mérito da atual personalidade encarnada, e a tempo de urgência, não de prevenção, os grumos contidos – ovoides aprisionados, seres "encapsulados", retidos em cenário construído, alheios da sua estacionária e permanente condição atual, prontos a eclodir, tornando-se doença no futuro, impressa no corpo orgânico de seu hospedeiro comprometido; imediatamente se desprendem desagregados do meu *chakra* Laríngeo, agora providencialmente restaurado. Bastou apenas elevar minha frequência gerando um *quantum* (= quantidade; pacote, reserva de energia) de energia para liberar-me daquele ovoide. Esta graça foi recebida no ano de 1995.

O senhor idoso e amoroso, sabedor desse episódio, curativa dádiva, entendia perfeitamente meu relato e muito me apoiou em plano físico. Na época em que o conheci, eu residia em uma pequena cidade gaúcha e fui convidada participante da casa Kardecista, onde permaneci por dois anos, como voluntária trabalhadora espírita e estudante; depois, me mudei para outro estado onde permaneço até hoje. Ele apareceu repentinamente vindo ao meu encontro, em certa data, algum tempo após este ocorrido. O amigo agradeceu-me, contente, em comovente despedida. Estava bonito, radiante e já não mais sofria com as dores lacerantes na perna, ferida em sua juventude. Ele estava acompanhado de um rapaz, um mestre amparador no seu processo de desencarne. Abençoado seja este irmão. Alguns dias depois de seu funeral, outro querido amigo avisou-me de seu falecimento.

Dra. Elvira desencarnou nos Estados Unidos da América, no ano de 1951 de 19 de outubro, em um chocante acidente automobilístico. Sentada à beira da calçada, a recém-falecida, abalada, ansiava por socorro. Seu moderno carro conversível amarelo, de dois lugares, perdera os freios na íngreme avenida, precipitando-se embaixo de um velho caminhão, que descendo a ladeira lentamente trafegava. As pessoas que atravessavam o cenário, terrificadas, não a podiam ver desdobrada.

Liberta do corpo físico, a desesperada moça segurava entre trêmulas mãos astrais, silhueta exata daquele corpo orgânico mutilado, sua cabeça decepada. Confusa, Elvira acessava, recordando às bateladas, fracionadas vidas passadas com estonteante rapidez, como eum quebra-cabeça desconexo. Sua visão astral abrangia, porém, à proximidade, acostumando-se àquela amplificação descomunal, outras presenças que não distinguia, como a minha, sua vida futura. Agora reconhecia o belo Ser de Luz acompanhante, orientador de tempos, de vida em vida, Anjo que acionou o resgate e próximo a ela aguardava. Logo soube a mulher acidentada não estar só. Os restos mortais de Elvira foram recolhidos e encaminhados pela equipe de salvamento no plano físico; sua cabeça de um lado, jogada, estava distante do corpo, arremessada. A ajuda espiritual não tardou. Segura, eu fui conduzida ao surpreendente hospital espiritual. Os organizados trabalhadores espirituais daquele lugar conduziram-me gentilmente até o centro hospitalar. A sala fresca e ampla de um branco espetacular comportava incrível volume de espaçosas macas flutuantes, dispostas em fileiras, frente a frente, arrumadas impecavelmente com cobertas de opalina luz azul. Eu, teimosa e renomada médica terrena da época, dizia que esse procedimento era impossível, negando-se a presumir ao menos uma viável solução. Afirmava não ter mais jeito, já estava morta mesmo, como podiam aqueles querer salvá-la; religar uma cabeça em um corpo também morto. Implorava ao grupo que me deixassem morrer em paz para aquele sofrimento passar. Anteriores conceitos veementemente firmados, formatados e solidificados de uma mente racional inflexível e materialista, que conceituava como crendice popular e ignorância qualquer opinião oposta à sua, foram desfeitos em segundos, diante daquela realidade desconhecida, ou melhor, esquecida durante tanto tempo, iludida.

Por algum motivo, nesta vida, Elvira se deixou encobrir por espessa couraça projetada pelo obstinado Ego. Acredito que, a cada nova existência, vivenciamos momentos tão particulares para a sequência do aprendizado; que isso se fizesse necessário para seu desenvolvimento e fortalecimento na fé. Eventos programados para a lapidação de peculiar aprendizado, mesmo que em outras vidas, vestindo-se o Espírito de diversa personalidade já houvesse desenvolvido tão nobres qualidades reconhecidas, contemplar um Deus Maior, ter inúmeras experiências de fé. Neste momento vivente parece ter apagado tais princípios, sem tampouco significar isso um retrocesso evolucionário.

Sedada, fizeram-me adormecer. Eu ainda era capaz de ouvir os sussurros longínquos perdendo-se em meu sono profundo. Os médicos diziam-se satisfeitos por encaminhar três daqueles ovoides, quase rompidos, aderidos à Matriz Etérica. Nunca antes Elvira ouvira aquela terminologia, muito menos de algo absurdamente abstrato e invisível, de impraticável alcance e reconhecimento da minha ofuscada compreensão. Com toda certeza, fui deslocada para outro plano paralelo naquele "sono" reparador; preparavam-me para mais uma etapa esclarecedora, desdobrada na viajem em veículo mental. Os especialistas do Alto, associados, estranhamente munidos de extraordinários procedimentos médicos e de futurista instrumentação cirúrgica, prosseguiram na recomposição daquele corpo, segundo seu molde original, decodificado. Liberaram vidas prisioneiras que, ajustadas ao molde, carmicamente jaziam ovoides. Mais tarde, revi todo o processo, acessando a informação, acompanhando, com permissão e adequada supervisão, todo o inconcebível processo, para o meu conhecimento na época. Esta é a medicina do futuro – eu concluía.

Só aquele que tem olhos de ver, verá e saberá tratar e liberar resíduos da futura doença, aquela ainda por instalar-se na roupa de carne, que, por persistentes e nocivos padrões, aderem-se à personalidade passada, comprometida, desembocando em futuras existências; conceitos defeituosos e ilusórios agregados ao gerador, compromissado por livre-arbítrio. Aqui no plano tridimensional, esta matéria doente, retratada, pode ser aferida no Campo eletromagnético e desagregada dos veículos multidimensionais; tratada com a permissão do plano espiritual e o merecimento do Ser enredado, que se move para constante evolução.

A Alma, vestida de distinta personalidade na presente realidade, absorveu novamente o ovoide para resgate, atraindo-o, e manteve-o prisioneiro, encapsulado, para compreensão e depuração definitiva. A substância alterada que interpenetrou os veículos dimensionais foi assim meritoriamente liberta e divinamente desconectada pela poderosa "Presença Eu Sou" prontamente.

Já o outro ovoide, outrora prisioneiro, aflorado, rompeu-se em vida passada, vertendo sua acre vibração sobre Elvira. Denominaríamos de câncer o que estava solidificado no veículo orgânico, conteúdo codificado, estampando na garganta da médica, materializado, preocupante e sintomático. O objeto grumoso tomava os tecidos orgânicos, garantindo o resultado dos exames tradicionais terráqueos, temido pela ansiosa doutora; Elvira despertou naquela espetacular realidade mais revigorada e admirada com tremenda riqueza e evolução cirúrgica providencial. Na Terra, seus parentes, amigos e colegas estavam em choque, especialmente o amigo de jornada, médico companheiro, de certo hospital. Permitiram-me presença, muitos meses após o ocorrido desencarne, junto ao surpreso amigo que agora recebia em suas mãos meu material analisado. Comentava o atordoado médico, sem perceber minha presença, que o severo câncer desenvolvia-se, instalado, vertia poceiro dos tecidos deformados. As células despolarizadas enlouquecidas não mais recebiam comando de um programador e ordenador, desvirtuavam-se alforriadas marcando localmente a garganta, que depois de instalado, pouco ou nada poderia ser feito; Elvira, se viva estivesse, desencarnaria com muito sofrimento.

A partir daí, comecei, durante certo período, como em um quebra-cabeça sem sequência alguma cronológica, montando as peças, visualizando outras frações daquela vida pregressa. Pude ver minha juventude rebelde, de filha única, com sérios problemas com a genitora; depois, a vivência na faculdade, forte ego tomando a frente da Alma. Eu era persona orgulhosa, que mantinha sempre o primeiro lugar em tudo, de uma inteligência incomparável, a bela mulher. Longos cabelos loiros e lisos de um corpo alto e esbelto, de admiráveis olhos verdes que atraíam a atenção dos homens aos quais fazia sofrer. Desmotivada e vazia, Elvira mantinha profunda desesperança e solidão seguindo uma rotineira depressão sem nada disso externar. Quem a via impecável, orgulhosa, forte e ativa, não poderia supor o pesado fardo que carregava. Este estado mental, de culpa e isolamento, amiúde, atrairiam baixas vibrações de suas vidas passadas, que a reconheceriam – Endereço Energético, onde quer que se encontre, espreitando-a, fazendo a mulher desencarnar drasticamente. Porém, aqui é necessário dizer que a moça não competia com a desarmonia externa e daqueles que lá vibram, mais sim era vítima de si mesma. Os freios do veículo foram desgastados. Permitiram-me ver o mecânico (personalidade também presente na atual existência) tomado por forças trevosas, sem resistir, comprometido com o mal em troca de alguns favores recebidos; os planos e recursos criminosos aprontaram, ceifando a vida física, atos não detectados na época. Revi, esclarecida, os repetidos abortos cometidos em desatino de uma irresponsável juventude sem Deus, e, hoje, entendo; do relacionamento superficial que nutria sem romantismo; da vida solitária que mantinha. Foi permitido que ela viesse ao plano físico, algumas vezes, para auxiliar na resolução de alguns assuntos pendentes e de outros a respeito de pessoas envolvidas naquela existência passada.

Pude ver e sentir nitidamente Elvira, certo dia, e por longo período nesta realidade, até que compreendesse tudo que dali pudesse solucionar; também de sua influência libertar-me. A personalidade atual foi remetida na linha do tempo, por meio de um dos seus ativados Portais Interdimensionais, àquele passado existencial. Ela seguia dirigindo velozmente o esportivo veículo, estacionando-o defronte ao prédio de apartamentos onde morava. Prontamente, o atencioso porteiro veio ao seu encontro falando naturalmente o idioma local, o inglês, e chamando-a pelo nome. Nitidamente eu sentia as peculiaridades e os trejeitos daquela precedente personalidade e reconhecia o homem que iria me acompanhar pelo saguão. Peguei minha valise médica, retirando-a do porta-malas do veículo, subindo a escadaria do saguão até o indicado elevador. O apartamento ainda estava por organizar; caixas de mudança acumuladas por toda a parte. Ela estava detida repetidamente em solitária desesperança decorrente de um desumano plantão hospitalar. Induzi Elvira, olhei-me no pequeno espelho oval *bisotê*; ainda recordo dos traços da sua face. Contemplativa e curiosa, eu analisava, perplexa, os detalhes daquele rosto bonito, do aparelho reparador nos dentes, vaidosa por alinhá-los.

Outra vez, me vi Elvira, chegando ao amplo estacionamento do grande hospital de tijolos à vista. Conduzia-se rapidamente e, de imediato, já na recepção, grave caso a atender a aguardava. O homem alcoolizado com objeto perfurante cortando e atravessando o seu pescoço lacerado ansiava por socorro. Eu, ao seu alcance, astralmente deslocada, visualizava a vida rotineira daquela mulher, concebida realidade. Acessava a personalidade passada com ressaltados detalhes, em minúcias, do local adentrado, deste o típico aroma hospitalar exalado ao piso fosco de pequenas e coloridas lajotas, bem simétricas, desenhando uma espaçosa recepção. Emoções e pensamentos coloriam aquelas auras deflagradas, aferidas das personalidades ali expostas. Recordo especialmente daquele forçoso atendimento socorrido, pois nesta realidade presente ficamos frente a frente. Na urgência de tantos casos a resolver, tive preconceito com aquele homem alcoolizado e o julguei antecipadamente, por seus atos descompassados e precária condição; realizando procedimento certeiro e sem sequelas deixadas, porém lhe causando dor física, que ela poderia ter evitado se ponderada, exercitando procedimentos médicos.

Nas regressões espontâneas, podemos nos perceber de fora e, dependendo das faculdades dos sentidos vigentes, desenvolvidos ou não, acessamos a personalidade futura, junto àquela dimensão, frente a frente, as duas permitem-se reconhecimento. Vestidos de outra personalidade e, de dentro sentindo todas as diferenças e trejeitos daquele Endereço Energético acessado, do respectivo plano dimensional, experimentado na linha de tempo.

A depressão em que permaneci, naquele tempo passado, fez Elvira abreviar uma programada condição vivente, prioritárias obrigações a cumprir negadas, de uma longa existência previamente delineada. Elvira sintonizava a baixa frequência vibratória, similar e doentia constância do câncer, autoimposta possibilidade materializada em existência anterior, atraindo seres desarmônicos, desfazendo-se da vida presenteada por Deus.

• • •

Travava-se um combate mortal. Os dois homens, fortes guerreiros, competiam de igual para igual, e a vida seria o prêmio suportável para o sobrevivente. Lutavam brutalmente equipados de grossas correntes com pontas em garra e de pesadas esferas de metal cobertas de afiados espigões, infringindo golpes certeiros que rasgavam a carne já macerada. Eu

assistia a tudo isso sem nada poder fazer, vendo o aniquilamento acontecer. O cenário revivido era real e aterrador, vivenciado no antigo Egito,
18ª dinastia. Poucas pessoas ali presentes se aventuraram a presenciar a
disputa sangrenta travada entre os descontrolados homens violentos. Ir-
remediável tristeza me acometia, do disparate esperança de vida, cheguei
bem perto dos corpos mutilados agora estirados. Nada restou da batalha
que não tardou para os dois homens desencarnarem. A perseguição persistente e desmedida do agressor, disputa por uma mulher, depois por
certo prestígio, sem propósito, fez o amigo ceder, atiçado à agressão, e
partir para o combate fatal. Depois do acontecido, fui forçada a deixar o
local, pois as lutas eram expressamente proibidas e todos os que assistiam
à grotesca cena foram expulsos para longe da cidadela. Eu, personalidade passada, era um operário e assalariado artesão, encravava na pedra a
linha certeira que o mestre riscava. Com extidão, ele retratava o que via,
as reais figuras em escala correta, nunca estilizadas, demarcadas em tinta
vermelha, da história presente contada no tempo. Saudávamos o deus
Sol (o Grande Sol Central) e, por aquela passagem, entre monumentais
corredores abertos e ricas colunas adornadas passariam as comitivas do
nobre faraó, Akhenaton. O cerimonial era proibido e fechado ao povo
comum, que, em geral, recolhia-se apartado a cada aparição de seu go-
vernante. Akhenaton e sua real família não eram, definitivamente, deste mundo, hoje sei, eram extreterrestres vindos de Sírios. Ele manteve
seu elevado comando, generoso, naquele tempo longínquo; reservado,
expunha suas peculiaridades, embora humanoide, de diversa estrutura,
pele levemente acinzentada e gigante estatura, diferentemente do povo
terráqueo nativo. Hoje recordo, lúcida, marcada pelo constante repicar
do martelo sobre o cinzel moldando a rocha, da tarefa repetitiva. Exausta
da rotina que tolhia minha criatividade, esperava dali sair, ganhando o
mundo com o amigo, aquele que vi sucumbir. O amigo, também insa-
tisfeito e semelhante a mim, de rude natureza, porém, de diversa profissão, combatente de um exército inativo, mas em prontidão.

Na atualidade, as personalidades não se toleravam; foram levadas
a conviver, nesta existência atual, por certo período do tempo como
colegas de profissão. O marido vestiu-se em vida passada da personalidade vivente no Antigo Egito, que fraquejou ao seu provocador

malfeitor, agora o colega, arrogante e soberbo, desafiava-o na disputa de um cargo a conquistar. Do meu quarto de dormir via, desdobrada, com infiltrado olhar astral, o homem de negra irradiação, sentado em minha sala de estar. Estava em visita na casa, à procura de um endereço que o marido providenciava em outro cômodo. Ele retira do bolso um pequeno saco de tecido e deposita seu conteúdo junto ao pé da cadeira que estava sentado. Permanece apreensivo, espiando desconfiado, agora de pé no centro da sala, entrevendo o homem que se aproximava ligeiro atravessando o longo corredor interno da casa. Quando os dois ganham a porta, eu corro até a sala, pensando ter feito um julgamento precipitado, confusa com a visão. Lá estava o montinho, medonha realidade exposta ali, um pó de osso humano depositado, Alta Magia Negra acessada com a intenção de a morte provocar. Sem saber o que fazer com aquilo, eu rapidamente varro o resíduo físico tentando me livrar daquela intenção amaldiçoada. Não tarda para a Alma, em nosso socorro, esclarecendo o acontecido, conduzindo a personalidade buscadora de compreensão à regressão espontânea, descrita acima.

O majestoso Ser da Luz, luminescente, de espetacular presença etérea azul claro irradiante, gigante de mais de seis metros de altura, empunhava seu gigantesco braço apontando a enorme mão em direção à minha aura fraturada. Totalmente imóvel, conectada ao eletrizante choque pulsátil que percorria meus veículos dimensionais, de cima para baixo e de dentro para fora, imediatamente fluía até a periferia do Campo áurico, refazendo completamente os plexos nervosos e *nádis*, sua contraparte, em meus veículos dimensionais. O acometido rompimento da aura violada traçaria desviado destino, envolvendo o casal em graves doenças até o veículo orgânico perecer fatalmente. Recordo da potente e estrondosa voz "metálica" que ordenava ecoando no ambiente, proferindo certas palavras, a cura do que eu, desatenta, havia permitido ser realizado. Prevenia o poderoso Ser que eu teria somente essa oportunidade de restauração meritória, e de sua única aproximação. Imediatamente, o marido, inconsciente, passa pelo mesmo misericordioso processo curativo. Elevado a quase trinta centímetros de altura, o corpo orgânico paralelamente à cama desdobra-se projetando os visíveis veículos dimensionais rigorosamente tratados.

Quando cremos que muito sabemos ,
devemos procurar mais orientação do "Eu Sou" com humildade e
felicidade buscar compreender e vivenciar. Quando achamos que tudo
compreendemos, ainda assim, pouco sabemos. Não devemos julgar.
Só assim, com elevada percepção, alcançaremos a sabedoria
aproximando-nos da Iluminação.
Eleva homem tua consciência
às alturas do "Espírito de Fogo Branco".
Sede amoroso e pacífico te tornarás.

O dentista frenético e imprudente mal anunciou seu diagnóstico e foi logo abrindo meu dente perfeitamente saudável e alvo, sem nada perguntar. Esse é o homem, agora reencarnado, aquele de vida anterior que Elvira havia tratado, causando-lhe dor física. Frente a frente por mim deparado, vestia atualmente outra personalidade, para o cumprimento daquela dívida contraída em tempos passados, fez-se cumprir em *karma* resgatado e reparado. Cego, não percebeu a saúde do dente queixado, nem reparou na gengiva congestionada de mulher gestante. Gerava meu segundo filho nesta ocasião e acabara de sair, sossegada, de uma consulta feliz. Com nove meses completados e uma semana a mais de gestação, dizia o médico que seguramente mais sete dias ainda poderíamos aguardar para o parto preparar. Meu bebê estava bem; grande, saudável e com peso e medidas de uma criança de mais de quatro quilos e meio. O médico, atencioso, indicou-me que deveria procurar um dentista para tratar daquela minha queixa, bem frequente entre as grávidas – gengivas delicadas. Procurei, imediatamente, um profissional, aproveitando a oportunidade antes de o parto acontecer. O dentista que me acompanhava estava ausentado por tempo indeterminado; assim, o clínico mais próximo de casa eu fui consultar.

O homem perfurou meu dente até o nervo alcançar; extraiu, cutucando-o rapidamente, sem dó nem piedade, com uma agulha de rosca; intacto, o nervo seguro por uma pinça, mostrou ao meu marido, que, ao meu lado, presenciava tudo; As lágrimas vertiam incontidas da dor lancinante sofrida, sem nenhuma anestesia providenciada; ele afirmava que para as gestantes era contraindicada também a radiografia reveladora. Depois dessa sessão de tortura, já em casa, rompeu-se a bolsa gestacional; adrenalina descarregada no organismo. Mal tive tempo de descer a escadaria do pequeno prédio onde morávamos. De tão fortes contrações induzidas pela dor e pelo estresse sofridos, a liberação hormonal fizera o parto, apressado, iniciar. Imediatamente chegando ao hospital, meu filho nasceu. Um belo bebê de quase cinco quilos e com altura de uma criança de dois meses havia nascido.

•••

Eu sorria feliz para o rosto refletido no espelho. Fui conduzida àquela clínica para o recomendado exame programado, acreditando na cura do veículo físico. Com a ajuda dos Mestres da Luz e na concentração canalizada para o Alto, confiante eu aplicava, trabalhando na mesma elevada frequência da perfeita saúde do órgão, agora alterado, fazendo-o reagir. Não deveria mais me confundir com o pensamento nocivo, da doença aparentemente real; eu precisava reagir e focar na perfeição da Matriz Etérica plasmada, deixando a vida seguir construtiva, copiando o fluxo energético desimpedido, neutralizando aquela congestão autoimposta; desarmonia de vida passada.

Eu podia ver minha personalidade do passado. A mulher refletida no espelho do lavabo fazia-me fitá-la curiosa. Em minha face atual, sua projetada imagem astralina, lindos olhos azuis e delicada pele muito branca, a mulher, de baixa estatura, cabelos castanhos claros, lisos e ralos, em um corpo de meia idade. Teria que transmutar os condicionados sentimentos que marcavam minha atual personalidade, livrando-me meritoriamente dos erros daquela época distante. Vi muitas vezes, em regressão espontânea, o desgosto daquela mulher, cuidadora de todos, ama de leite, que se acreditava mesmo mãe, dedicada e amorosa, daquelas poucas crianças abastadas. Um deles, o menino que ela mais amava, agora crescido e transformado, rejeitava-a, esbravejando com repugnância da pobre mulher serviçal. Nem no leito merecido era permitido o alívio da labuta pesada, que a velha senhora de costas arqueadas pudesse repousar. Ela dormia toda encolhida no chão gelado de pedra, embaixo da grande mesa rústica na espaçosa cozinha; o fogão à lenha permanecia, por ordens expressas, apagado no inverno gelado. Nem uma palavra de desagrado proclamou a resignada mulher até sua morte física, sem importância. Naquela cidade europeia, ela faleceu solitária no ano de 1310, quando a casa abandonou, sem nada levar nas mãos. Os repetidos abortos desta mulher atormentada, cometidos em suas futuras existências, fizeram-me colher hoje, para depuração, o *karma* materializado da dolorida rejeição do passado.

O aborto consciente é um ativo fermento para que, em futuras reencarnações, as doenças do útero se manifestem. Esse é um dos meios para o Ser cobrador instalar-se, ovoide, entorpecido, se agarrando à geradora que o rejeitou em outros tempos. Pedir perdão para o Ser rejeitado esforçando-se por também perdoar-se, com verdadeiro arrependimento, pelo crime cometido e pela ignorância, pela falta de amor, um trilhão de vezes se necessário for.

Os miomas maciços, alguns peliculares, outros intramurais, todos tumores benignos, foram diagnosticados no meu útero físico pelas seguidas queixas de fluxo menstrual intenso e teimosa anemia. Depois, o fluxo exagerado transformou-se em hemorragias de quinze dias seguidos, durante dois anos aproximadamente. Nessa época, providencialmente socorrida, traduzida em uma menopausa precoce, todos os problemas físicos foram resolvidos. O Mestre da Luz diria, amoroso, com outras palavras, certamente, que este incômodo da menopausa prolongada seria o de menos. Agora eu podia seguir a vida, trabalhando em paz na missão assumida. Porém, até eu chegar a esse ponto, no percurso da vida, passei por muitos médicos tradicionais. Pouquíssimos destes, senão Homeopatas e Acupunturistas, sabem respeitar a decisão da mulher de não extirpar o órgão doente. Dizem que o órgão feminino, já perdendo sua função de procriação, não serve mais para nada e que nenhuma falta fará. Mal sabem eles, na maioria, que o útero faz a poderosa mulher manifestar-se no plano tridimensional com toda a sua espontaneidade, poder e criatividade feminina, e que ancorada está à Mãe-Terra. Vejo muito, em consultório, mulheres deprimidas e sem rumo perdendo o gosto pela vida e desconectadas de suas valiosas missões existenciais. Aí, então, a depressão grave costuma se instalar. Os *chakras* principais dos pés, que devem aterrar-se no solo, o *chakra* Raiz e o *chakra* Coronário, o sétimo Portal na cabeça, oprimidos ou "fechados", não realizam suas funções determinadas, denotando em processo vicioso de desligamento da pessoa com a Mãe-Terra e com o "Eu Sou" – como folha ao vento se comporta na vida, sem propósito, se não reagir e acolher rapidamente o amparo Divino.

O meu compromisso Cármico ficou muito claro quando acessei distintas vidas passadas. Uma delas, paralela, uma mulher, também comprometida, porém, no presente, da mesma família de Alma, com muitos abortos atendidos, certas erva usava. Cara a cara ficamos, ela, em um jogo de força, me ameaçava. Um útero seco, como couro, uma passagem interdimensional eu adentrava, acessado no tempo longínquo visualizar.

Até que tudo seja purificado e entendido, a Alma vai propor à personalidade atual muito trabalho persistente e generoso, no ritmo alcançado, a liberação dos *karmas* gerados, não só no plano tridimensional, mas em todos os outros pendentes de reparo e harmonização.

●●●

A nobre espanhola estava abdicando da vida desabitada e desencarnando a qualquer momento. Podia ver seu pálido braço caído, projetado do alto do grandioso e luxuoso leito. Da providenciada abertura rasgada na carne escorria seu sangue em profusão, no processo de sangria, pingando na tigela de louça. Naquele século longínquo, o médico logo providenciara a sangria na tentava de retirar o veneno, toxina retida pelo corpo moribundo – era o único recurso disponível. A profunda tristeza e a desesperança preenchiam sua Alma como peçonha mortal da vida em debandada solidão. Seu amor e Senhor, um nobre comandante das tropas da realeza, estava ausente do lar, ultrapassando no tempo distante mais de meia década. Ele estava em missão aceita, no desbravar das terras desconhecidas do além mar. Eu, a personalidade atual, ora via o homem comandante de guerra invadindo terras alheias da América Central, ora percebia a mulher o esperando sonhadora. A dama passava horas incontáveis acotovelada à janela do grande castelo de pedras, todos os dias da sua frágil vida. Retrocedendo no tempo, eu, infiltrada naquele aposento, via o casal na decisão da despedida. Ela, formosa e bela moça de longos e pretos cabelos ajeitados em espetacular penteado, majestosas vestes pesadas; eu, em outra existência. Ele, belo homem, cabelos negros e ondulados à altura dos ombros, barba rente e grossa em uma face clara com expressivos olhos azuis; o atual marido nesta existência. Sentindo a inutilidade da espera, pressentia o desencarne do amado e se entregava, desistente de uma sequência de vida sem qualquer sentido.

O homem, com toda a certeza, havia desencarnado naquelas terras distantes. Ele permaneceu convicto de seus ideais e lutou até seu fim naquela batalha sangrenta e absurda.

● ● ●

Em pouco mais de 30 dias transcorridos da pena aplicada, morre a mulher, solitária e angustiada. Sua língua havia sido cortada para encobrir os fatos e evitar que estes eclodissem à tona. Em uma época em que a Inquisição reprimia a todos e a tudo, persuadida durante longas e reservadas palestras, o padre, incisivo, a forçava a se calar. Ela, muitas vezes silenciou-se reprimida durante certo tempo, mas logo voltava a se expressar. Receosa, outras vezes, soltava a voz chocando a todos, desvendando com riqueza de detalhes os pecados que acometiam a vida eclesiástica e as noviças ou as freiras enclausuradas. Ela tinha nobre vocação religiosa, munida de muita fé e amor. No início de sua mocidade, pedia entusiasmada e esperançosa ao pacífico genitor que a deixasse partir para o convento vivenciar. Sonhava com os dias dedicados ao Senhor, de vida religiosa e de freira. A regressão espontânea foi conduzindo a personalidade atual ao desfecho desta difícil existência passada. Presenciei a segura e convicta jovem noviça colocando seus votos diante do altar. De braços abertos, com a fronte colada ao chão, expunha a coroa de sua cabeça ao Pai gerador da vida. Seus cabelos foram repicados grosseiramente e suas vestes Trapistas foram trocadas pelo hábito das monjas, em frente ao balcão, na presença de Jesus, alta cruz de madeira dedicada. Como que em capítulos de uma grande história, sem sequência alguma, no desfiar desse emaranhado existencial, fui sendo infiltrada no tempo, desvendando os acontecimentos. Penetrando no imenso convento cheguei ao corredor sombrio que me conduziria até a presença passada. A estrutura de pedra em arco que emoldurava a pesada e grossa porta rústica de madeira trazia no alto uma pequena grade fixa. Lateralmente, entre tantas celas, cruzei aquela porta. Vi a moça deitada em sua cela escura e fria, que continha apenas uma cama bem estreita com duro colchão de palha e uma mesinha lateral, acomodando o precioso evangelho e uma vela bem gasta. Nada mais além da muda de roupa pendurada em um canto do pequeníssimo aposento. Na parede em frente à cama, uma pequena janelinha gradeada bem no alto que deixava o vento gelado entrar circulante. Ali, na pedra rústica, o grande rosário de contas de madeira pendia amparado. Recolhida em oração, ela pedia proteção a Deus; vidente, via cenas do futuro e as andanças dos desencarnados presos ainda àquele local. Ali as conversas eram proibidas, somente o necessário e o bem restrito, em um voto de silêncio expresso. Não eram permitidos amizade ou afeto entre as enclausuradas Irmãs. Tinha visões sobre o futuro, vivia desdobrada em realidades dimensionais e percebia muitos fantasmas comunicantes, do passado ou do futuro. A pobre mulher queria modificar uma estrutura rígida e complexa, contar o que sabia; achava-se ingenuamente protegida pela comunidade católica a que pertencia. Dizia a carta enviada pelo bispo ao padre responsável daquele convento autorizando urgentemente o castigo a providenciar, que se ela não se calasse imediatamente, seria exposta à morte pela fogueira e considerada herege, e que a Igreja viraria as costas para ela, a mulher voltada para a bruxaria. Assim, munido de poder, conferiu à pobre mulher a penalidade horrenda.

Após ouvir o relato de minhas lembranças, dizia o amigo querido desta atual existência, participante de certo grupo de estudos espiritualistas, confessa horrorizado ser o meu carrasco em vida passada. Chorava desiludido de si mesmo com imensa tristeza do erro cometido e pedia perdão das críticas viciosas impostas a minha pessoa; agora ele entendia o porquê muitas vezes eu me calava guardando minha opinião e inúmeras vezes eu omitia-me, reservada.

Esta freira, viajante no espaço-tempo, perceptiva, é aquela que, quando eu nasci personalidade nesta atual existência, amparou-me no colo protetor, confiando-me à genitora encarnada.

A sua vida inteira foi dedicada à religião e intensamente converti-da ao Senhor Deus todo poderoso. Eu, a personalidade atual, a espiava no passado longínquo da linha de tempo infinita, por meio de surpre-endente regressão espontânea nitidamente acessada. A devotada freira, agora com meia idade, estava sempre alegre e motivada. Comedida e envergonhada, continha-se em público, e até seu largo e sincero sorriso encobria. Quando estava só, ela extravasava sua alegria correndo como uma moleca, liberta pela colina verdejante, descendo o pequeno mon-te com os braços abertos saudando a natureza. Segurava sua longa e pesada veste na escarpada subida de retorno, morro acima, deixando à mostra as grossas meias de lã marrons; pulava e ria contente da imensa graça que penetrava seu peito em agradecimento saudando a vida. Ou-tra jovem freira, vendo as peripécias da mulher em correria, acaba por inspirar-se e confidenciar a outra Irmã, de mais idade, da aventura colina abaixo e colina acima, alegre e admirada com a personalidade de sua irmã de coração, eu Elaine, então na época Adele Mary. Agora, reunidas embaixo da grande árvore, lateralmente posicionada a igre-jinha, permaneceram as três senhoras em comunhão e consagração; o tempo transcorreu nessa fraterna e harmoniosa concordata. Tinham secretamente compactuado as três moradoras do modesto convento/escola de nunca desistir, de reverenciar a Deus e de permanecerem alegres e amáveis até o final da existência em profunda oração de agra-decimento. Avisava as três mulheres devotas o sino às badaladas, às 17 horas e 30 minutos, da reza do rosário, concentradas e sem falhar um único dia, felizes junto ao altar de Jesus improvisado embaixo da bela árvore, na altitude daquele monte.

Uma tropa solicitava entrada no claustro dizendo-se soldados es-panhóis, porém, eram saqueadores, grupo de desviados e debandados guerrilheiros, ladrões durante aquela longa guerra local. Entraram arra-sando o convento, saqueando e estuprando as mais jovens religiosas e noviças; todas elas vitimadas foram mortas. Eu, personalidade atual, presenciava tudo isso de fora, triste e revoltada, deslocada em corpo astral. Quando a comida acabou e nada mais existia para os parasitas drenarem daquelas poucas damas sobreviventes reféns, ainda deixaram impresso nos dias horrendos, finalizando sua investida, a grotesca marca característica dos bandidos, não compatível com os animais terrenos, mas com os seres sem Alma. Sujos e desdentados, eles exalavam um fedor ordinário da sua rudeza incomparável, assassinos. Sem dó nem piedade, os bárbaros cortaram com machado as pernas da mais velha freira, pouco a pouco, até a região mediana das coxas, se saboreando, às risadas, do desespero e da dor alheia, pedaço por pedaço, em uma gratificação incontida. A freira mais jovem, companheira e minha amiga, não resistindo ao estupro sem fim dos muitos homens aguardando em fila indiana, logo perece. Eu, a freira de meia-idade, depois de violada e de muito espancada, desmaiei, quase morta. Quando despertei, o pavoroso cenário prosseguia; coloquei-me imóvel, me fingindo de morta, sendo deixada de lado. Os olhos azuis sem luz permaneciam vibrados em um corpo estático e sem respiração; na memória passavam-se cenas em *flashes* da meninice quando com outras crianças, e sempre da disputa vencedora, segurava a respiração por longos minutos; com as bochechas vermelhas das gostosas risadas e alegria, eu competia; mantive-me inativa. Um dos bárbaros, desconfiado, ainda me cutucava com um facão afiado e bem de perto baforava na minha face pálida.

Durante a existência atual, algumas vezes vi esta querida freira, a mais velha dentre nós. Com uma rosa vermelha nas mãos, mostrava-se pra mim em meus momentos mais difíceis. Amorosa e gentil, ela colocava-se próxima ao meu lado direito intuindo-me com mensagens da Luz, outras vezes, em conversação telepática, me motivando para a inabalável fé, para eu nunca desistir. A freira mais jovem e amiga esteve comigo nesta vida como uma querida colega de estudo espiritualista durante um bom tempo. Apresentaram-se, certo dia, ela e o seu marido, no findar das tarefas na casa, em Ramatis. Comovida, seu olhar reconheci imediatamente e em longo abraço ficamos. Lembro até hoje que ela se recolhia solitária em suas orações sempre e impreterivelmente no mesmo horário da vida passada, sem nada disso lembrar.

• • •

A Alma do alto fazia-me acessar a bela imagem simbólica, representativa dos eventos da vida.

Grandes e belos cachos pendentes da uva branca iluminada pelo sol gentil. Com zelo, a semeada videira está agora carregada do fruto da prosperidade. Atenta à personalidade encarnada, no aguardo do acertado momento, espera preencher, com o mais tenro e adocicado fruto da vida proposta, o balaio da felicidade, Missão aceita para nova fase de vida.

CONCLUSÃO

Há muito tempo o pedido foi feito e alertado para que se cumprisse. Amorosamente solicitado pelos Mestres da Luz, não imposto, de coletar todas as vivências, impressões ao longo dos eventos da atual existência, das regressões espontâneas, patrocinadas por estes, muitas vidas passadas revividas para o meu aperfeiçoamento e desbloqueio do destino superar, experimentadas nos cenários holográficos propostos, aqui algumas delas descritas, e da tarefa de transcrevê-las, de forma simples e natural; ao longo de meu desenvolvimento, na aceitação dos sentidos extrassensoriais naturalmente latentes em mim, também com Seres extraplanetários contatados, da lapidação constante da personalidade encarnada, viajante do espaço-tempo, de seus respectivos mundos paralelos acessados. Depois, fui conduzida, obediente, ao treinamento e desenvolvimento de tecnologia própria, com muita dedicação, estudo e pesquisa, amor fraternal no auxílio ao assistido em consultório, que como facilitadora, elucidar cada qual, no recordar de sua verdadeira origem Divina, de sua natureza holográfica e principalmente, da presença permanente da Luz Maior, incondicionalmente, ao longo das infinitas experimentações do Espírito. Achava que não era capaz de concretizar essa obra, e depois de muito tempo duvidar, em apenas três meses, cobri essas páginas com recordações do meu coração. Só agora eu pude completar mais esta tarefa, sequência de minha missão. Diziam os orientadores Mestres que a única condição para que este ganhasse o mundo, seria que tudo o que aqui está revelado, seja conteúdo meu vivenciado, experimentos verídicos.